SOUVENIRS HISTORIQUES

SUR LE SIÉGE DE PARIS

ET LE

COMMENCEMENT DE LA COMMUNE

JOURNÉES DES 18, 19, 20 ET 21 MARS 1871

ARRESTATION ET DÉTENTION :

DE MM. LES GÉNÉRAUX CHANZY, DE LANGOURIAN
ET PLUSIEURS OFFICIERS DE L'ARMÉE ;
DE M. TURQUET, DÉPUTÉ DE L'AISNE ;
DE TROIS COMMISSAIRES DE POLICE AVEC TOUS
LEURS EMPLOYÉS.
ILLUSTRÉ DE LEURS AUTOGRAPHES ET PORTRAITS.
AINSI QUE L'ARRESTATION ET LE MASSACRE
DES PÈRES DOMINICAINS D'ARCUEIL.
CONDAMNATION DES ASSASSINS.

PAR

J. ROUFFIAC

Ex sous-chef de la prison du 9e secteur.

PARIS

IMPRIMERIE G. BINARD, RUE D'ABOUKIR, 52.

1873

SOUVENIRS HISTORIQUES

J ROUFFIAC

Ex - Sous - Chef de la prison
du 9 me Secteur.

AUX LECTEURS

Ce n'est pas l'histoire de la Commune que j'ai la prétention d'écrire, des écrivains nombreux se sont chargés de ce soin, et, des jours de tourmente que la France a traversés, il n'en est peut-être pas qui aient inspiré des plumes plus éloquentes que ceux de cet interrègne sanglant!

Je n'ai point voulu non plus produire une œuvre littéraire, et je n'aspire point à fouler les sentiers de l'épopée!

Né de parents peu fortunés, chargés d'une nombreuse famille, ma jeunesse s'est écoulée entre les heures d'étude de l'école primaire et les travaux de la campagne...

De même qu'un voyageur dans une excursion intéressée au sein d'un agreste hameau, frappé par la beauté des sites qui l'entourent, oublie un instant le but de son voyage, saisit son carnet, y trace à la hâte le croquis du lieu enchanteur; et ne pouvant le faire valoir lui-même, l'envoie à l'érudit de la ville voisine; ainsi, au milieu des évènements qui signalèrent l'avénement de la Commune, j'ai consigné chaque jour, sur ces quelques pages, les cruelles péripéties que j'ai vues se dérouler; mais peu initié dans dans l'art d'écrire, je livre comme le voyageur, ces quelques souvenirs historiques aux érudits, aux historiens, veux-je dire, qui, dans cet amas de faits, sauront peut-être

*trouver quelques inédits et précieux rensei-
gnements !*

*Je ne m'attacherai à relater que les épi-
sodes suivants où je me suis trouvé mêlé
comme sous-chef de la prison du 9ᵉ secteur.*

L'arrestation et la détention de :

MM. les généraux Chanzy, de Langourian et de plusieurs officiers de
l'armée ;

De M. Turquet, député de l'Aisne ;

De trois commissaires de police avec
tout leur personnel ;

Et enfin le massacre des Pères Dominicain d'Arcueil.

*En livrant cette brochure à la publicité,
je réclame donc l'indulgence de bienveil-
lants lecteurs qui déjà prévenus, ne doivent
pas s'attendre à trouver dans ces souvenirs
de jours néfastes le style d'un historien ;*

mais, ce qu'ils y verront, c'est le récit exact d'un témoin oculaire, trop heureux, malgré les heures d'angoisses qu'il a passées, d'avoir pu contribuer à sauver la vie de quelques-uns de ses semblables !...

J. ROUFFIAC,

Invasion étrangère. — Siége de Paris.

——

Avant de commencer le récit des faits qui me sont plus particulièrement personnels, je crois que le lecteur me saura ré de lui donner succintement une idée des faits antérieurs.

La malheureuse capitulation de Sedan t l'inaction du maréchal Bazaine cerné ans Metz, ouvraient les routes de Paris et de la France entière aux armées alleandes.

Nous ne disposions plus de troupes our arrêter les soldats de Guillaume marhant sur la capitale. Cependant, grâce l'activité déployée par les membres du

gouvernement de la défense nationale
on fit une vraie place de guerre; appro-
visionnée, elle ne demandait plus qu'à
être défendue; pour ce but rien ne fut
épargné.

En quelques jours tout fut prêt : aux
embrasures des forts se montrèrent les
gueules imposantes de nos formidables
pièces de marine dont la garde fut confiée à leurs gardiens naturels, à nos vail-
lants marins.

Les avant-postes furent tenus par les
quelques soldats qui nous restaient, sou-
tenus par les mobiles. Les ponts-levis
armèrent les portes, et les canons les
bastions.

Le 16 septembre, la présence des uhlans
fut signalée aux environs de Paris.

A cette nouvelle, les habitants de ces
localités, pris de panique, rentrèrent en
masse dans la ville, n'emportant avec

eux, pour la plupart, que ce dont on se charge pour une absence de quelques jours.

A ce moment encore, la confiance dans le succès était telle qu'on estimait la durée du siége de Paris à quelques semaines seulement. Bloquer Paris paraissait impossible! Paris était si grand!... Hélas! combien payâmes-nous cher cette patriotique présomption !

Nombre d'habitants abandonnant leurs demeures, imbus de l'espérance d'y revenir sous peu, laissèrent leurs caves et leurs celliers garnis, leurs basses-cours remplies. Ces provisions, dépouilles opîmes pour les Allemands, eussent été pour nous de précieuses ressources, hélas! il en fut autrement. D'autres, plus confiants encore, abandonnèrent chez eux des objets d'art, des titres, des richesses...

Lorsque l'armistice leur permit de revoir leur demeure dont une si longue absence les avait éloignés, quelles déceptions et quels regrets s'emparèrent d'eux! Là, où naguère l'art aidant la nature, on ne voyait que charmantes villas perdues au milieu de bouquets de bois, ou se mirant coquettement dans les ondes de la Seine; là, où se dressaient au sommet de pittoresques et fertiles coteaux, de magnifiques châteaux flanqués des tourelles et des donjons traditionnels; là, s'offraient, hélas, aux regards assombris, des toits effondrés, des murs chancelants, des bosquets ravagés, des ruines partout...

Le silence régnait en maître là où une franche et vive gaité avait fait tant de fois retentir les échos des collines d'alentours.

Les pratiques allemands fort de l'érudition et de la science de leurs jurisconsultes, avaient mis à exécution leur noble maxime : « La force prime le droit. »

Le 18 septembre nous étions assiégés, complétement isolés du reste de la France.

A la vue de nos ennemis tous les ponts furent levés, et 75,000 gardes nationaux veillèrent nuit et jour autour des fortifications.

Chacun rivalisa de zèle et de courage; la fibre patriotique vibra dans tous les cœurs : devant les dangers communs les passions étonnées se turent; l'égoïsme, vaincu par l'enthousiasme, disparut ; toutes les intelligences, toutes les générosités, tous les dévoûments s'unirent dans un seul but : la défense de Paris!

Tous les cœurs sous ce souffle puissant devinrent virils, tout homme fut soldat, on compta même des enfants...

C'était alors le moment de la concorde,

lé moment de l'enthousiasme, le moment de l'abnégation.

Hélas! sans ce qui advint plus tard et l'horrible famine dont nous étions menacés Paris n'eut point connu la honte de la capitulation.

Les secteurs de la défense de Paris

L'enceinte fortifiée de Paris fut divisée en neuf sections, dont chacune prit le nom de secteur et devint le siége de l'état-major.

Chaque secteur fut commandé par un officier supérieur amiral ou général.

Le 9e secteur.

Le 9e secteur était situé entre la petite rivière de Bièvre et la Seine, au sud de Paris, protégé par les forts de Bicêtre et d'Ivry, qui l'étaient eux-mêmes par les redoutes des Hautes-Bruyères et du Moulin-Saquet.

Il était commandé par M. l'amiral Hugueteau de Challier, qui fit preuve de beaucoup de zèle et de courage.

Nous l'avons vu souvent faire les rondes lui-même pendant les nuits les plus froides, voulant s'assurer ainsi de l'exactitude du service.

Le bureau de la Place.

Le bureau de la Place était tenu par trois officiers, dont un commandant, M. le baron de Bache, et deux capitaines, MM. Rocmort et Sireau, avec lesquels nous fûmes continuellement en rapport. Sévères pour le service, mais justes dans leurs appréciations, ils rendaient à chacun selon son mérite.

La prison du 9ᵉ secteur.

Il avait été établi des prisons discipli-
naires dans chaque secteur, pour les
gardes nationaux qui manqueraient à
leur service. Celle du 9ᵉ secteur était
située, avenue d'Italie, 38 (XIIIᵉ arrondissement), dans un grand bâtiment en
bois et plâtre, au fond d'une longue cour
étroite et mal pavée. On y arrivait après
avoir traversé un long couloir, obscur le
jour, mal éclairé la nuit.

Elle était composée de cinq grandes
pièces qui avaient servi pendant longtemps d'école aux enfants du quartier.

Toutes ces pièces se trouvaient sur la
gauche en entrant et différaient fort peu
l'une de l'autre quant à l'ameublement
qui ne consistait guère qu'en lits de camp

et en bancs. En hiver, elles étaient chauf-
fées, pour la plupart, à l'aide d'un poële.
Leurs attributions étaient les suivantes :

La première servait de poste pour le
service de la prison ; la deuxième, de
bureau et de logement pour les trois employés, dont un chef, un sous-chef et un
gardien ; la troisième était la prison des
simples gardes ; la quatrième et la cin-
quième, situées à l'extrémité du couloir,
communiquaient ensemble ; toutefois,
cette dernière mérite de beaucoup l'attention sur les autres. C'était une grande
pièce carrée, couverte en verre et pavée
en briques, ce qui la rendait froide et
humide en hiver. Elle était chauffée par
un grand poële en fonte placé au milieu ;
on voyait le long des murs une longue
rangée de bancs, mais, quant aux chaises et aux tables, elles faisaient complétement défaut.

Pendant le siége, ces deux pièces servaient de prison pour les officiers et us-officiers ; sous la Commune, on y incarcéra les victimes de son arbitraire, entr'autres :

MM. les généraux Chanzy, de Langourian et plusieurs officiers de l'armée ;

M. Edmond Turquet, député de l'Aisne ;

MM. André, Dodieau et Boudin, commissaires de police du XIIIe arrondissement, ainsi que leur personnel.

Plus tard, elle reçut aussi les Dominicains d'Arcueil et quelques-uns de leurs employés qui, la plupart, n'en devaient sortir que pour tomber victimes d'un affreux guet-apens.

Naissance de la Commune.

Après les troubles du 31 octobre, cer-

tains officiers de quelques bataillons de
récente création s'étaient mis en rapport
avec les émeutiers qui avaient mar
sur l'Hôtel-de-Ville. Ils avaient reçu l'
dre de se réunir clandestinement, afin
de recueillir le plus d'adhérents possible
pour se former en comité.

A la suite d'un certain nombre de réunions tenues secrètes, après plusieurs
débats animés, les membres de ce comité décidèrent qu'au moment propice
le commandant en chef de la garde nationale serait nommé par elle et choisi
parmi ses officiers.

Tel qui propose ne peut souvent disposer ; de même qu'une graine qui rencontre un bon terrain ne tarde pas à germer,
mais ne peut cependant se développer
dans toute sa plénitude, si elle est hors
de son habitat et si elle ne reçoit point
les féconds rayons du soleil ; ainsi l'idée

de la Fédération avait germé dans le cerveau d'un grand nombre de gardes nationaux, elle s'y était bien enracinée ; mais, il fallait pour qu'elle pût grandir, fructifier, mûrir, l'inconstant et brûlant soleil des circonstances !

Du 31 octobre à la fin du siége, il n'y eut rien de remarquable, du moins ostensiblement ; quant alors se conclut l'armistice.

A ce mot d'armistice, qui ne courbe la tête et ne baisse les yeux à l'heure présente ? Qui ne se rappelle, sans fouiller bien loin, hélas ! les amères désillusions qui nous assaillirent? Qui ne revoit enfin l'état d'anéantissement qui s'empara de chacun de nous ?

Sous ce nom captieux, on ne vit que « capitulation !... » A la période générale de fièvre patriotique, succéda un funeste abattement chez la population la plus saine de la capitale, tandis que la partie la plus avancée s'abandonna à des transports outrés que n'inspire point une douleur sincère, mais le génie du désordre.

Ce fut dans ces tristes circonstances qu'eut lieu la nomination de M. le général d'Aurelles de Paladines au commandement en chef de la garde nationale ; cette nomination mit le comble à l'irritation des esprits exaltés, et de ce moment, tout fut mis en œuvre pour accélérer les événements qui se précipitèrent bientôt.

De nouveaux conciliabules furent tenus ; on y parla beaucoup, mais on n'y décida rien. La responsabilité effrayait encore alors les plus audacieux. Cependant, un simple garde des compagnies de marche du 176e bataillon, nommé Émile Duval, ouvrier fondeur, petit de taille, mais à l'œil vif et énergique, qui s'était fait remarquer dans plusieurs réunions comme tout dévoué au parti du désordre, se porta candidat, et, comme il était seul, il fut nommé général à l'unanimité.

Pendant la première huitaine de mars on entendit parler pour la première fois du général Duval dans le XIII⁰ arrondissement ; mais tous les gens sérieux n'y prirent garde et regardèrent cette rumeur comme une plaisanterie.

Peu à peu cependant, l'idée de la fédération se consolidait dans les esprits et comptait déjà une certaine quantité d'adhérents. Personne alors dans Paris ne se doutait de cette conspiration qui se tramait sous les yeux mêmes du gouvernement et de la police.

Les chefs de cette idée révolutionnaire comprenant qu'ils ne pourraient espérer rallier des partisans par la voie de la persuasion, cherchèrent à se gagner le plus possible de bataillons de la garde

nationale : la force étant la seule voie
qui pût leur frayer la route.

On se rappelle sans doute que le gouvernement de la défense nationale avait
su soustraire à la cupidité du vainqueur,
les canons qui armaient nos remparts, à
la condition, toutefois, qu'ils en seraient
retirés. Cette clause du traité si chère-
ment achetée nous fut fatale. Ces canons,
placés au milieu du quartier que devaient
occuper les troupes allemandes, devinrent le point de mire des partisans de la
fédération, et leur mot d'ordre fut de
s'emparer à tout prix de cette imposante
artillerie.

Ce n'était pas tant pour la sauver des
mains de nos ennemis, que pour l'avoir
à leur service, qu'on les vit s'y atteler et
la traîner au sein du quartier où ils
avaient établi le siége de leur occulte
comité central.

18 mars 1871.

Le gouvernement, inquiet des bruits
qui couraient depuis quelques jours déjà
et voulant mettre fin à l'alarme qui avait
commencé à s'emparer d'une grande partie de la population, devant la résistance
que certains bataillons fédérés appor-
taient à rendre l'artillerie, chargea les
généraux Clément Thomas et Lecomte
de s'emparer de ces pièces de canon et
de les remettre dans leurs parcs respec-
tifs.

Chacun sait ce qui en advint! Ces malheureux généraux, abandonnés de leurs
soldats, furent faits prisonniers et fusillés... La nouvelle de cette mort jeta la
consternation chez les uns, tandis qu'elle
transporta les autres de joie.

Bien que le Comité central cherchât à se laver du sang versé, il comprit que le Rubicon était franchi et qu'il ne pouvait plus reculer. C'est alors qu'il lança ces fameuses proclamations qui lui attirèrent tous les hommes avides de révolutions : les déclassés, les ambitieux, et, il faut bien le dire aussi, un certain nombre de gens, furieux du triste résultat de l'héroïque défense de Paris ! Mais ne jugeons pas.

Ici commence vraiment le récit des événements auxquels je me suis trouvé mêlé, événements qui m'ont tellement impressionné, que leur souvenir à jamais inaltérable me servira puissamment dans la rédaction de ces quelques lignes ; puisse mon fidèle récit être à la hauteur de mes sombres souvenirs !...

Le 18 mars, vers les dix heures du matin, la place d'Italie (XIIIe arrondissement), présentait le spectacle suivant :

Les gardes nationaux en tenue et en armes se tenaient autour des pièces de canon qu'ils avaient amenées des environs dans le but, disait-on, de les garder et de les défendre en cas d'attaque.

Des jeunes gens, dont le plus âgé n'avait pas vingt ans, commandés par des femmes, élevaient une barricade rue Godefroy, devant la mairie. A ce moment, arrivait à cheval, sur la place, un jeune officier d'état-major, pour prendre des renseignements dans le quartier.

L'entourer, l'arrêter et le mener prisonnier à la mairie, fut l'affaire d'un instant ; quant au cheval, on l'envoya à la fourrière, et il dut servir plus tard à l'état-major de la Commune.

A la vue de tous ces mouvements, je m'empressai de mettre en liberté les quelques prisonniers confiés à ma garde, car je jugeai qu'en pareil moment l'inconnu était à redouter. Je me dirigeai ensuite en toute hâte vers la mairie pour prendre conseil de M. le maire sur ce que j'avais à faire.

Le chef de notre prison était loin de posséder une âme forte et capable de lutter contre les excès de gens sans foi et sans vergogne. Il prévit la tourmente qui devait s'abattre sur Paris et en particulier sur notre quartier ; et, jugeant prudent de se mettre à l'abri, il déserta son poste pour se réfugier chez lui.

Aussi, est-ce là, chers lecteurs, ce qui m'a valu le péril et l'honneur d'être seul en cause dans les événements que je raconte ; toutefois, je ne dois point oublier le gardien Saint-Denis, qui ne cessa de m'accorder son fidèle et actif concours.

Revenons maintenant à l'officier d'état-major.

A la suite de son arrestation, les abords

de la mairie furent encombrés ; mais, comme j'étais connu de presque tous les gardes du quartier (ce qui nous rendit plus tard de grands services), je réussis à pénétrer jusqu'au cabinet de M. Combes, où j'entrai peut-être un peu brusquement, je l'avoue, mais à ce moment on ne tenait pas à l'étiquette.

Mon apparition précipitée fit un certain effet à l'officier qui était en tête-à-tête avec M. le maire ; cependant il fut bientôt rassuré par M. Combes qui lui dit :

« Monsieur est un de mes amis, soyez sans inquiétude, car il pourra nous être utile pour porter votre dépêche.

— Puisque vous êtes un ami, s'exprima l'officier, pourriez-vous vous charger de faire parvenir une dépêche que voici à M. le comte Roger, du Nord, chef d'état-major, place Vendôme ? »

Sur ma réponse affirmative, je reçus aussitôt de sa main un pli cacheté que je cachai de mon mieux, puis je partis en l'assurant qu'avant une heure j'aurais rempli ma mission.

Comme je sortais de la mairie, je vis un grand nombre de gardes fédérés en armes.

Arrestation de MM. les commissaires de police.

Curieux de connaître la raison de cette formidable escorte, je forçai le pas, et l'ayant rejointe, je reconnus, à ma grande surprise, en tête du cortége le commissaire de police du quartier de la Salpétrière, M. Boudin, suivi de son personnel, qu'on venait de mettre en état d'arrestation, d'après l'ordre de MM. Duval et Léo

Meilliet. Au même moment, et par les mêmes ordres, avaient été arrêtés MM. André et Dodieau, commissaires de police, ainsi que tous leurs employés.

Je vis qu'on les conduisait à notre prison, mais comme je ne voulais pas me charger de la garde de tels prisonniers, je me dirigeai rapidement vers la place Vendôme par les voies les plus sûres. Rue Saint-Victor, je rencontrai le 176e bataillon auquel j'avais appartenu au commencement du siége. Il marchait sur l'Hôtel-de-Ville, quand il reçut contre-ordre ; alors, il se tint en réserve dans les rues Linné, Lacépède et Monge.

Je connaissais fort heureusement beaucoup d'officiers, cela me permit de continuer mon chemin sans être inquiété par eux. J'arrivai ainsi jusqu'à la place de l'Hôtel-de-Ville, que je trouvai presque déserte : aucun bataillon n'avait encore

osé s'en approcher. La rue de Rivoli était
peu animée, à peine y comptait-on quelques passants, tant civils que gardes nationaux.

, Place du Palais-Royal, je fus arrêté
par une patrouille dont l'officier parut
fort étonné que je me trouvât sans armes
en un pareil moment. Je lui fis comprendre que j'étais du quartier et que j'allais
les chercher.

« Allez, me dit-il, et rejoignez au plus
vite votre bataillon. »

Arrivé place Vendôme, je touvai là les
bataillons de l'ordre qui l'occupaient.

« On ne passe pas ! » cria un gros factionnaire au coin de la rue Saint-Honoré.
Je parlementai avec lui et le priai d'appeler le chef du poste, ce qu'il fit de bon
cœur. J'appris alors à celui-ci que j'étais
porteur d'une dépêche de la mairie du
XIII⁰ arrondissement, et, après me l'avoir

fait exhiber, il me conduisit jusqu'à son collègue de service à la porte du colonel.

Comme je tenais à remplir ma mission avec la plus rigoureuse exactitude, j'insistai auprès du capitaine afin qu'il me présentât à M. le chef d'état-major lui-même pour une communication verbale.

Après une attente de quelques minutes, je fus introduit auprès de l'officier supérieur, auquel je remis ma dépêche. Celui-ci s'informa qui j'étais et me demanda quels renseignements je pouvais lui apporter.

Je lui annonçai l'arrestation des commissaires de police de notre quartier. Cette nouvelle parut le surprendre beaucoup, il se tourna vers un officier qui se tenait à sa droite et lui dit : « Je croyais que vous aviez prévenu ces magistrats ? »

— « Je les ai fait prévenir, mon colonel, lui répondit l'officier, sans doute que la nouvelle leur est arrivée trop tard. »

— « N'avez-vous plus rien à nous apprendre, ajouta le colonel en se tournant vers moi ? »

Sur ma réponse négative, il me dit : « Eh bien ! retournez à votre service et dites à vos prisonniers que nous allons faire notre possible pour les délivrer ; surtout ne les quittez pas un instant et veillez à leur sûreté personnelle. »

Je retournai à la prison assez facilement ; mais depuis mon départ les affaires avaient bien changé.

Le gardien Saint-Denis avait été envoyé par ces messieurs à la préfecture de police, et les fédérés s'étaient emparés de notre service et des clefs de la prison.

Comme je rentrais à la prison un garde des plus exaltés, nommé Turpin, m'accosta et me dit que je pouvais me retirer ;

qu'on n'avait plus besoin de nous, parce qu'ils voulaient garder eux-mêmes les prisonniers, dont l'affaire devait être bientôt réglée !

Ma femme s'était trouvée seule au bureau pour répondre à tous ces brigands, dont la présence l'avait tellement bouleversée qu'à mon retour je la trouvai dans un coin à moitié morte de frayeur ; de plus, elle craignait aussi qu'il ne me fût arrivé malheur en route. Je la rassurai de mon mieux et m'ingéniai à trouver le moyen de reprendre mon service.

J'allai m'adresser au chef de poste et lui demandai par quel ordre nous avions été remplacés.

« Par ordre du général Duval, me répondit-il, mais il m'a chargé de vous dire, que, dans le cas où vous auriez des réclamations à faire, vous pourriez vous présenter à lui. »

Remarquant sur la figure de cet officier un certain air de franchise, je le priai de vouloir bien me présenter au général Duval.

« Le général Duval doit venir au secteur à cinq heures, me dit le chef de poste ; aussitôt qu'il sera arrivé je vous y accompagnerai et je ferai tout mon possible pour que vous puissiez reprendre votre service, car cela me délivrera d'une grande responsabilité. »

En attendant que je fusse présenté au général Duval, je cherchai plusieurs prétextes pour obtenir de nos remplaçants la permission de voir les prisonniers, poussé surtout par le désir de leur annoncer la démarche que je venais de faire à l'état-major ; mais, cela me fut impossible.

Au milieu de toutes ces péripéties, cinq heures étaient sonnées, la nuit commen-

çait à tomber ; les malheureux prisonniers ne pouvaient communiquer avec
personne, si ce n'est avec leurs farouches gardiens qui leur refusaient tout.

Persuadé qu'ils étaient inquiets de
leur position, dans le but de les rassurer,
je leur appris, en traçant quelques lignes
au crayon sur un bout de papier, en premier lieu, ma démarche à l'état-major ;
puis, les secours qu'on m'y avait promis.
Je le roulai entre mes doigts et le passai
à travers le guichet de la prison sans
être aperçu de personne. Comme ils
avaient tous les yeux fixés sur la porte,
plusieurs mains s'élancèrent à la fois
pour s'emparer du petit rouleau, voyant
bien qu'il provenait d'une main amie ;
et, ils s'empressèrent d'en prendre connaissance malgré l'obscurité qui com-
mençait à pénétrer dans cet obscur
réduit.

Visite au général Duval au secteur.

A peine avais-je fini que le chef de poste me fit prévenir que le général Duval venait d'arriver au secteur avec son état-major, et que, si j'étais toujours décidé à aller le trouver, il me ferait accompagner par un sous-officier.

J'acceptai son offre, et nous nous mîmes en route pour le secteur, qui était situé avenue d'Italie, dans une vieille maison abandonnée et dépourvue de tout mobilier.

Dans une petite pièce basse donnant sur la cour, était réuni l'état-major fédéré, occupé à discuter les intérêts du nouveau gouvernement. Je priai mon conducteur de vouloir bien m'annoncer, car le factionnaire avait ordre de ne laisser entrer personne.

Quelques instants après, je fus présenté au général ainsi qu'à son état-major qui était composé de quatre ou cinq individus dont les traits inspiraient à qui mieux mieux le dégoût et le mépris.

Au milieu de cet entourage, je dois dire que le général Duval tranchait un peu : petit de taille, il est vrai, mais doué d'une physionomie fine et distinguée, d'un œil vif et énergique, portant toute sa barbe aussi blonde que les épis dorés que fauchent les moissonneurs ; de plus, tout chamarré d'or, selon les insignes de son grade, qu'il cherchait à porter le plus dignement possible (s'il m'est permis de m'exprimer ainsi), il attirait vraiment tous les regards.

A peine étais-je entré qu'il me dit d'un ton de commandement : « Qui êtes-vous et que me voulez-vous ? Parlez vite car je suis pressé. »

Je m'expliquai et alors il me répondit :

« Je n'ai chargé personne de vous remplacer. Allez à votre poste, veillez bien sur vos prisonniers, car vous m'en répondez. »

Tout en me retirant, je lui fis observer que les prisonniers avaient besoin de feu, de nourriture et de matelas pour se coucher pendant la nuit.

« Partez, me dit-il, donnez du bois à vos prisonniers, si vous en avez, des vivres s'ils ont de l'argent ; mais quant aux matelas, je ne veux pas qu'ils en aient : ils pourraient receler des cordes qui leur donneraient le moyen de s'évader à la faveur de l'obscurité. »

Je retournai à la prison pour rendre compte au chef de poste tant de mon entrevue avec Duval, que de l'ordre verbal qu'il m'avait donné de reprendre mon service ; toutefois, j'avais affaire à forte partie. Les gardes du 177ᵉ bataillon qui s'étaient emparés de notre service et des clefs de la prison né voulaient plus nous les rendre, il fallut toute l'autorité du chef de poste pour les y contraindre.

« Eh bien ! les voilà ces clefs ! s'écria l'un d'eux, mais soyez certain que vous ne les garderez pas longtemps, car nous allons vous fusiller tous cette nuit !... »

Ma première visite fut pour mes nouveaux prisonniers que je connaissais à peine. Je les trouvai sans feu et sans lumière dans la grande pièce couverte en verre dont j'ai parlé quelques lignes plus haut. Je leur racontai la démarche que j'avais faite à l'état-major pour les faire mettre en liberté, mon entrevue avec le général Duval pour reprendre mon service, et enfin, son refus formel de laisser entrer des matelas pour la nuit.

Tout en parlant avec eux, ce ne fut

pas sans surprise que je remarquai que leur nombre s'était accru : en effet, quatre officiers avaient été arrêtés pendant mon absence.

Malgré la longueur du siége et la rigueur de l'hiver, il nous restait encore un peu de bois sec ; aussi m'empressai-je de leur en apporter ; j'y joignis quelques bougies.

Comme certains d'entre eux avaient leurs familles à Paris, je fis prévenir celles-ci qu'elles pouvaient leur apporter de la nourriture et des couvertures pour la nuit ; quant à ceux qui n'avaient aucune relation dans la capitale, je chargeai le restaurateur le plus proche de la prison de leur fournir ce dont ils avaient besoin.

Arrestation de M. le général Chanzy et de M. Edmond Turquet, député de l'Aisne.

Le bruit courait dans le quartier qu'on avait arrêté deux généraux à Montmartre, et un au chemin de fer d'Orléans ; mais il n'y avait rien de précis à cet égard. Vers les six heures du soir la nouvelle fut confirmée par l'arrivée du général Chanzy et de M. Turquet à la mairie du XIII° arrondissement.

Ces deux personnages avaient été arrêtés par une compagnie du 133° bataillon au moment où le train d'Orléans traversait les fortifications à Ivry. M. Turquet n'avait partagé le sort du général Chanzy que pour avoir protesté contre son arrestation, et peut-être aussi à cause de sa

LE Général CHANZY

Député des Ardennes

décoration qui le fit prendre pour un officier en bourgeois.

A la nouvelle de leur arrestation, une foule compacte et en partie mal intentionnée se porta à leur rencontre, un peu pour les voir et beaucoup pour les maltraiter. On pouvait remarquer dans la foule plusieurs fédérés armés, aux traits caractéristiques et portant les stigmates ineffaçables d'une vie débauchée et crapuleuse ; des êtres qui, pour tout dire, de même que ces revenants que l'on fait apparaître sous l'évocation de quelque génie malfaisant, ne se montrent, eux aussi, qu'aux sombres jours des tempêtes révolutionnaires, attirés par l'irrésistible aimant du pillage et du meurtre. Ceux-là surtout réclamaient à grands cris la vie des prisonniers.

En présence de cette population en fureur, ces illustre   ages n'étaient pas en sûreté à la mairie. MM. Combes et Léo Meilliet, adjoints au maire, les conduisirent avenue d'Italie, dans les appartements de ce dernier, croyant les y mettre en sûreté.

Le trajet fut long et pénible, l'avenue était encombrée de monde ; on n'entendait que murmures et menaces contre le général.

« Il faut le fusiller devant la chapelle Bréa, disaient les uns. — De suite, hurlaient les autres ! »

C'était un vacarme épouvantable ; enfin, quoique lentement, on arriva au n° 71 de l'avenue. M. Meilliet fit monter chez lui le général et M. Turquet ; et, après les avoir mis en sûreté, il engagea la foule à se retirer.

Ce fut en vain. De toutes parts on lui répondit par les cris suivants : « Nous ne voulons pas nous retirer... Nous voulons nos prisonniers, ils ne sont pas en sûreté chez vous. Nous voulons les mener en prison, disaient les uns. — Nous voulons les fusiller, vociféraient les autres... Si vous ne nous les rendez pas, nous les enlèverons de force !...

M. Meilliet voulut parler, mais sa voix se perdit dans la tumultueuse cohue que, dans un pareil état d'exaltation, il chercha vainement à maîtriser. Il fallut donc s'exécuter et remettre les prisonniers à cette foule furieuse qui ne cessait de faire retentir l'air de leurs noms.

Le général et M. Turquet reparurent dans la rue ; les plus farouches les entourèrent pour les examiner, et, après les avoir bien reconnus, ils les dirigèrent vers la prison qui n'était qu'à une faible distance.

Pendant le trajet, ils leur prodiguèrent les mêmes menaces ; un certain nombre d'entre eux pensèrent même à accomplir leur affreux dessein de les mettre à mort, dans les longs et étroits couloirs de la prison (ceux-ci n'avaient pas moins de cinquante mètres de profondeur). Nul doute qu'ils ne l'eussent perpétré si, prévoyant ce qui pouvait arriver, je n'eusse eu l'idée de faire éclairer la galerie qui conduisait à la prison. De plus, j'attendis le cortége, et, une lampe à la main, j'accompagnai mes illustres prisonniers.

En tête, marchait le général Chanzy, en tenue de campagne, la tête haute et la démarche fière, suivi de M. Turquet, qui montrait un calme et un sang-froid admirables. Derrière eux, marchait une bande de forcenés ne cessant de les poursuivre de leurs cris sanguinaires.

A leur arrivée, je les saluai et d'un geste leur fit comprendre que je ne devais point être compté parmi la bande qui les

conduisait. Puis, je me plaçai entre eux
et leurs farouches conducteurs, afin d'é-
viter par ma présence qu'un de ces exaltés ne fît un usage homicide de ses armes. Je les accompagnai jusqu'à l'entrée
du greffe, où je priai le général et M. Turquet d'entrer, ainsi qu'un officier fédéré
dont je n'ai pu connaître le nom.

Je m'arrêtai à la porte du bureau pour
empêcher les autres d'y pénétrer (telle
était, du reste, l'habitude), je ne pus
réussir. En moins de temps qu'il n'en
faut pour le dire, je me vis bousculé et
menacé par une foule de baïonnettes qui
me forcèrent à reculer ; et, avec la rapidité de l'éclair, le bureau fut envahi par
autant de gardes qu'il put en contenir.

Ce fut un vacarme vraiment épouvantable ; tout le monde poussait et criait ;
bref, je ne savais plus où donner de la
tête : c'est peut-être le plus mauvais mo-

ment que j'aie passé de ma vie. M. Turquet était enveloppé par la foule ; mais
quant au général Chanzy, je me tins à ses
côtés, et l'on ne parvint jamais à m'en
séparer ; du reste, la foule était tellement
compacte, qu'il était aussi impossible de
l'atteindre avec les baïonnettes que de
tirer sur lui.

Afin d'isoler complétement le général
du reste de la foule, je tournai tout autour de lui et le poussai peu à peu vers
un coin de notre bureau, où il ne pouvait
être attaqué par derrière. Mon but une
fois atteint, je le priai de s'asseoir, et me
plaçai debout devant lui pour lui faire
un faible rempart de mon corps. J'essayai
de parler, mais inutilement, car ma voix
se perdait dans le tumulte. Cependant,
après maints gestes expressifs, je parvins
à obtenir un moment de silence.

Il est juste de dire qu'une grande par-

lie des plus furieux ne voyant plus le général, ignoraient ce qu'il était devenu, et
que c'était là une des raisons qui exci-
taient leurs vociférations.

Je profitai donc de ce petit moment de
répit pour leur adresser la parole dans
les termes suivants : « Mes amis, veuillez
vous retirer, car nous avons certaines
formalités à remplir; vous n'ignorez pas,
du reste, qu'il n'y a ici que des républi-
cains et non des assassins ! »

A ces mots, qui ne produisirent pas
tout l'effet que j'en attendais, un grand
jeune homme qui, je crois, était sergent
au 101e bataillon, s'avança vers moi et
me dit d'un ton menaçant qu'il voulait
parler au général. Comme il n'avait d'autre arme à la main que son fusil, je le
laissai s'avancer. S'adressant alors au
général : « Général Chanzy, lui dit-il, si
vous voulez avoir la vie sauve, criez :
Vive la République ! »

A cette interpellation, le général se leva, se découvrit, et dit d'une voix ferme : « Vive la République ! »

Cette réponse réussit pleinement, car les plus furieux se calmèrent comme par enchantement ; je vis même le bureau se désemplir peu à peu. Avec l'aide du chef de poste, je m'empressai de conduire mes prisonniers à la pièce qui servait de prison, où étaient déjà ceux qui avaient été arrêtés dans la matinée.

L'officier qui conduisait le général et M. Turquet, et qui marchait à leurs côtés en entrant à la prison, m'avait remis un papier que, n'ayant point le temps de lire je déposai sur le bureau.

Après avoir conduit mes deux prisonniers avec les autres dans le triste lieu où ils étaient cependant un peu plus en sûreté, je retournai au bureau et y trouvai l'officier qui m'attendait pour que je lui donnasse un reçu de l'ordre d'écrou qu'il m'avait remis.

J'étais tellement absorbé que je ne me rappelais nullement avoir reçu d'ordre, lorsque l'officier me fit remarquer sur le bureau un bout de papier tout chiffonné : « Le voila, me dit-il ; veuillez donc m'en donner décharge. » Je le pris et lus ce qui suit :

ORDRE D'ÉCROU.

13ᵉ LÉGION.   9ᵉ SECTEUR.

« Le Directeur de la prison gardera le général Chanzy, ainsi que le sergent-major qui l'accompagne (M. Edmond Turquet, député de l'Aisne).

« Paris, le 18 mars 1871.

« Pour le Chef de la Légion :

« *Le Commandant de Place,*

« CAYOLLE. »

Sceau du Secteur.

'Au moment où je donnais un reçu de cet ordre à l'officier, M. Meilliet, que je n'avais pas remarqué jusqu'alors, me dit : « Je crois que sans votre fermeté et votre courage, il serait arrivé des malheurs ; je vous en félicite. »

'A peine si ces mots étaient prononcés qu'un individu s'avança résolûment sur lui, et, lui mettant un révolver sous la gorge, s'écria d'un ton ferme : « Ah ! c'est ainsi que vous parlez ; eh bien ! voilà ce qui vous attend si vous nous trahissez !... »

A cette menace inattendue, M. Meilliet pâlit, mais, reculant d'un pas, il sortit un révolver de sa poche, se mit en présence de son adversaire, et lui dit à son tour : « Je saurai faire mon devoir jusqu'à la fin, et je me moque de vos menaces ! »

Cette affaire eût pu devenir très-grave sans l'intervention de l'officier fédéré qui mit fin à la dispute en emmenant les deux adversaires.

Il était environ huit heures, tout alors était en mouvement autour de la prison. La consigne était un vain mot ! chacun n'agissait qu'à sa guise... Il y avait cependant trois ou quatre factionnaires à chaque porte ; il y en avait le long de la prison, on parlait même d'en mettre jusque sur les toits ; ce qui eut lieu plus tard.

Bien que j'eusse quelques provisions pour mes prisonniers, le difficile était de les leur donner ; car, lorsqu'il s'agissait de les porter du greffe à la prison, ce n'était à chaque chose que des récriminations et des menaces de la part des fédérés contre nous et contre ces malheureuses victimes. Un d'entre ces farouches gardiens en me voyant leur porter deux bouteilles de vin poussa même l'audace jusqu'à me dire : « Ce n'est pas la peine de les soigner aussi bien pour le peu de temps qui leur reste à vivre. » Je le regardai fixement sans lui répondre ; et il dut comprendre que je méprisais ses menaces.

Tout cela ne laissait pas que de me faire craindre une nuit très-orageuse ; en effet, un garde ne s'était pas gêné pour me dire en me remettant les clefs de la prison : « Vous ne les garderez pas longtemps... » Un autre avait ajouté : « Ils n'ont pas longtemps à vivre, ne les nourrissez pas aussi bien !... »

Il n'y avait plus à en douter, le massacre des prisonniers était décidé pour la nuit ; il fallait à tout prix conjurer le danger.

Je cherchai à voir le chef de poste pour savoir à qui j'avais affaire, et si je pouvais me confier à lui.

Après un court entretien, je crus remarquer que j'étais en rapport avec un honnête homme. On en peut, du reste, juger par ce qui suit : « J'ai été obligé, me dit-il, d'arrêter par l'ordre du secteur, M. Dodieau, notre commissaire de police ; mais j'ai empêché qu'il ne lui arrivât malheur, et certes, autant que cela dépendra de moi, je vous aiderai à protéger les prisonniers ; vous pouvez compter sur moi. »

En entendant ces mots, je serrai affectueusement la main de l'officier auquel je crus devoir confier que la vie de ces hommes me paraissait en péril pendant la nuit, et j'ajoutai en manière de conclusion : « Joignez-vous donc à moi pour leur porter secours en cas de danger ; je tâcherai en retour d'obtenir pour vous leur protection si vous en avez besoin plus tard, au sujet de l'arrestation de

M. Dodieau, que vous avez faite ce
matin. »

— « Eh bien ! puisqu'il en est ainsi,
vous pouvez encore une fois compter sur
moi, me dit-il, je sais qu'on doit vous
attaquer cette nuit pour vous enlever vos
prisonniers ; mais je serai là. Je m'effor-
cerai de retenir les hommes de ma compagnie afin qu'ils n'y participent pas ; et,
avec leur aide, nous pourrons peut-être
maîtriser les autres. »

Je quittai le lieutenant très-satisfait et
le priai de vouloir bien me dire son nom.

« Je me nomme Pierre-Guillaume Deruyssert ; je suis Belge. Si la Providence
veut qu'il ne nous arrive rien cette nuit,
je partirai demain matin pour mon pays. »

Avec les quelques provisions que je
leur avais données, nos prisonniers
avaient tous fait un modeste repas ; ils
avaient été loin d'être aussi heureux

pour jouir d'un peu de repos, car je ne
disposais même pas d'une botte de paille;
du reste, Duval n'avait-il pas expressé-
ment défendu de laisser entrer des matelas dans la prison, craignant qu'il n'y
eût des cordes à l'intérieur

Cependant, en réfléchissant, je me rappelai que dès le début du siége nous
avions reçu trois petits lits qui conte-
naient chacun deux matelas.

J'en parlai à mon collègue Saint-Denis;
et, d'accord avec lui, nous convînmes
que nous les offririons aux détenus, afin
que tour à tour ils pussent se reposer un
peu pendant la nuit.

Je fis donc transporter dans la prison
les objets de literie qui nous restaient, et
qui avaient servi aux gardes qu'on avait
emprisonnés pendant le siége, soit : six
matelas, une vingtaine de couvertures,
deux draps de lit et deux oreillers.

Si jamais cette malheureuse nuit vient trop péniblement affecter leur mémoire, qu'ils veuillent bien ne pas nous en tenir rigueur : malgré notre bonne volonté, nous ne pouvions mieux faire.

Je fis en outre apporter du bois en quantité suffisante pour entretenir le feu pendant la nuit ; puis je souhaitai le bonsoir à tous mes détenus et me retirai dans le bureau pour veiller à leur sûreté.

Dix heures sonnaient à la chapelle Bréa, je priai le chef de poste de donner l'ordre de fermer les portes et de ne plus laisser entrer personne jusqu'au jour ; et, désireux de me rendre compte par moi-même de la situation, je me dirigeai vers le poste.

J'y trouvai 150 à 160 gardes dont une quarantaine du 177ᵉ bataillon, quelques-uns de tous les bataillons du quartier, et le plus grand nombre du 101ᵉ. Ils s'é-

taient tous rendus à la prison à la nouvelle de l'arrestation du général Chanzy
et des commissaires de police, poussés
par le dessein de leur faire un mauvais
parti à la faveur de la nuit.

Je dis au chef de poste de prier tous
les hommes qui n'étaient pas de service
de se retirer, ce qu'il s'empressa de faire,
mais aucun d'eux ne voulut se rendre à
son invitation.

Le poste était animé et pour cause, car
la vivandière ne cessait d'être entourée
et de répandre à flots le doux jus de la
vigne. Disséminés dans tous les coins,
quelques gardes nationaux formaient de
petits groupes qui s'entretenaient à voix
basse ; d'autres commençaient à som-
meiller sur les lits de camp ; enfin, sous
l'effet des copieuses libations de la journée, un grand nombre était hors d'état
de nuire. Le chef de poste, morne et

silencieux, se promenait de long en large, écoutant et voyant tout, mais ne disant rien.

« Je me vois dans une bien mauvaise position, me dit-il en s'avançant vers moi ; on m'a forcé de prendre ce matin cette malheureuse garde ; mais, comme je vous l'ai déjà dit, si cette nuit peut se passer sans encombres, je pars demain dès le matin pour la Belgique. Remarquez, ajouta-t-il, que les hommes les plus exaltés sont étrangers à ma compagnie et même au bataillon. Je crains beaucoup pour cette nuit ; cependant, quoiqu'il advienne, comptez sur moi comme sur vous-même ! »

Comme nous nous séparions, le factionnaire de la porte faisait prévenir le chef de poste qu'une dame demandait à voir le directeur de la prison, et insistait malgré la consigne depuis un certain temps. Vu cette persistance, je donnai l'ordre de la laisser entrer et de la conduire au bureau où je me rendis pour la recevoir.

Quelques instants après, je me trouvai en présence d'une dame aux manières nobles et distinguées qui me dit d'une voix faible et suppliante : « Je suis la sœur du général Chanzy. J'ai appris qu'il était ici, en prison ; ne pourriez-vous m'autoriser à le voir un instant ?... »

— « Soyez sans inquiétude, madame, lui dis-je en voyant son embarras, le général est ici, sain et sauf ; je vais vous conduire près de lui. Je crois qu'il se repose en ce moment sur le grabat que nous avons pu lui composer. Suivez-moi, toutefois, afin de ne point éveiller l'attention, marchons le plus légèrement possible vers sa triste demeure. »

La porte de la prison ouverte, nous

pûmes voir couchés sur les six petits
matelas que nous avions étendus sur les
briques humides, le général Chanzy,
M. Turquet, les commissaires de police
et deux officiers ; quant aux autres détenus, ils se chauffaient autour du poële,
dont ils entretenaient le feu.

Je m'approchai doucement du génér. 1
déjà endormi, n'osant tout d'abord le
réveiller, cependant il fallait m'y résou-
dre, car sa sœur était à ses côtés. A peine
l'avais-je légèrement touché à l'épaule,
qu'il ouvrit les yeux et me demanda
d'une voix calme et douce ce que je lui
voulais. Je me bornai à lui montrer sa
sœur. En un clin d'œil ils tombèrent
dans les bras l'un de l'autre ; puis, la
noble femme se retourna vers M. Turquet,
lui serra affectueusement les mains et le
remercia de ce qu'il avait fait pour protéger le général.

Je regrette de ne pouvoir décrire ici la vive et douce émotion que produisit en nous cette touchante scène, dont je me souviendrai toujours.

Après quelques minutes accordées à ces tendres épanchements, il fallut se résigner à se séparer, afin de ne point compromettre la situation. J'accompagnai la sœur du général jusque sur l'avenue d'Italie, et ne la quittai qu'après l'avoir rassurée de mon mieux sur le sort de son illustre frère. A peine étais-je rentré à la prison que cette dame fut arrêtée et conduite à la mairie, où on la retint jusqu'au lendemain matin.

J'avais remarqué au poste un certain mouvement qui ne m'avait pas rassuré. J'en fis appeler le chef, pour lui demander quelques explications à ce sujet; elles furent loin de me tranquilliser : se tenir sur ses gardes était indispensable !

Je lui proposai de me désigner cinq ou six hommes dévoués et de me les donner pendant le reste de la nuit, de doubler les factionnaires auxquels il donna l'ordre formel de ne laisser avancer personne sous quelque prétexte que ce fût.

Nuit du 18 mars. — Attaque de la prison.

A peine nos préparatifs étaient-ils terminés, qu'il se fit un grand bruit du côté du poste, et le couloir de la prison fut envahi par une quarantaine de fédérés en armes poussant les clameurs suivantes : « A mort les prisonniers !... Nous voulons les fusiller !... »

Je m'avançai résolu vers cette foule menaçante. Je voulus me faire entendre, mais comme toujours, ce fut peine inutile; de plus, la foule augmentant, nous

nous vîmes peu à peu refoulés. Le danger
était grand ! Encore quelques pas en
arrière, et nous étions aux portes de la
prison !...

Voyant que nous étions débordés par
la foule, le chef de poste tirant son sabre,
se mit à crier d'une voix formidable :
« Que tous ceux qui me reconnaissent
pour leur chef retournent au poste, j'ai
une communication à leur faire. »

— « Non ! hurlèrent ces forcenés, nous
voulons les prisonniers !... Nous voulons
les conduire à l'Hôtel-de-Ville !... Nous
voulons les fusiller !... »

Nos quatre factionnaires, je dois leur
rendre justice, firent bonne contenance
et nous aidèrent à soutenir le choc en
croisant leurs baïonnettes. Mais il fallait
en pareille circonstance se hâter d'apai-
ser cette foule menaçante ; je l'essayai,
à force de gestes significatifs, j'obtins un

peu de silence dont je profitai pour leur parler en ces termes :

« Citoyens,

« Les prisonniers qui sont ici, et que vous nous réclamez, nous ont été confiés en vertu d'un ordre d'écrou signé du général Duval. Nous en sommes responsables, votre chef et moi ; nous ne devons donc les remettre à qui que ce soit sans un ordre signé du secteur ; ainsi, comprenez notre situation et veuillez vous retirer. »

— « Non ! nous ne voulons pas nous retirer, car vous les feriez évader pendant la nuit... Nous les garderons à vue puisque vous ne pouvez nous les donner !... »

Jugeant qu'une plus longue résistance pouvait tout compromettre, nous décidâmes que s'ils se retiraient tous au

poste, on leur laisserait mettre deux factionnaires dans la prison ; mais ils en
exigèrent quatre : force fut de s'y sou-
mettre.

Pendant que le chef de poste faisait le
choix des hommes, j'allai prévenir mes
prisonniers de la convention que nous
avions été obligés d'accepter et d'après
laquelle ils devaient être gardés à vue
pendant le reste de la nuit.

Cette nouvelle ne leur fit pas plaisir,
cependant ils comprirent tous qu'il fallait
la subir.

De retour au greffe, je trouvai les quatre nouveaux factionnaires et je remarquai avec peine que leurs armes étaient
chargées. Je leur demandai dans quel
but, ils me répondirent tous à la fois
que c'était pour se défendre et que tous
les hommes du poste en avaient fait autant.

Je m'efforçai de les persuader que cette précaution était inutile puisqu'ils allaient se trouver en face de quelques prisonniers sans défense et que, du reste, je ne consentirais pas à les conduire dans la prison si leurs armes n'étaient pas déchargées.

Le sergent qui les conduisait fut de mon avis, et, sur son conseil trois d'entre eux se rendirent à mes sollicitations; quant au quatrième, il ne voulut rien entendre et nous affirma qu'il n'y consentirait même pas sous aucun prétexte.

Devant sa résistance, craignant d'aggraver la position, je me décidai à les conduire moi-même dans l'intérieur de la prison, les priant de vouloir bien être convenables à l'égard des prisonniers.

Pendant que nous nous efforçions de rétablir le calme à l'intérieur et de conjurer le danger qui nous menaçait, un drame d'un autre genre se déroulait à l'extérieur.

A la suite de l'arrestation du général Chanzy, les communards craignant une attaque subite de la part de l'armée régulière (attaque que nous appelions de tout nos vœux) avaient, poussés par cette frayeur, placé de tous côtés des factionnaires en vedette avancée. Or, un de ceux-ci entendit tout à coup dans le lointain le galop précipité d'un ou de plusieurs chevaux qui lui semblaient dirigés à bride abattue vers la prison.

Dans une telle alternative, se blottir dans un coin et armer son chassepot qui était chargé, fut pour lui l'affaire d'un instant; puis, les yeux braqués vers la place d'Italie, il attendit de pied ferme. Cependant ce n'était pas sans une certaine inquiétude et il pensait en lui-même : « S'ils sont en nombre, je me

sauve ; s'il n'y en a qu'un, je le tue ! »
Tout en faisant ce singulier aparté, le
factionnaire constata que le bruit aug-
mentait en se rapprochant, et bientôt il
put distinguer, grâce à la réverbération
du gaz, la silhouette d'un seul cavalier
qui, lancé à toute vitesse, se dirigeait
vers la barrière.

« Halte-là !... Qui vive ?... » s'écria-t-il
à haute voix, au moment où le cavalier
fondait sur lui. Soit que celui-ci n'eût
pas entendu, soit qu'il ne voulût pas
entendre, il n'en continua pas moins sa
course.

« Qui vive ?... Qui vive ?... » s'écria le
factionnaire à deux reprises, et comme
l'inconnu ne paraissait nullement disposé
à obtempérer à cet ordre, il fit feu ; en
même temps il cria : « Aux armes ! »
d'une voix puissante.

La détonation jointe à l'appel aux ar-

mes jeta la plus grande émotion dans
tous les cœurs, émotion que le lecteur
comprendra en se rappelant que pour les
fédérés ce bruit intempestif signifiait
l'arrivée de l'armée régulière ou d'une
troupe de gens armés appartenant au
parti de l'ordre, d'où pour eux, fédérés,
inquiétude et crainte, tandis que pour
nous, au contraire, cet inconnu, c'était
l'espérance.

En un clin d'œil tout le poste fut sous
les armes et se dirigea en masse vers la
porte ; les factionnaires même, au mépris
de la consigne qui les clouait à l'entrée, suivirent leurs compagnons. Était-
ce par bravoure ou par crainte d'une surprise, je ne puis être affirmatif. Hélas !
sans les quatre gardiens à vue que nous
avions été obligés de placer dans l'intérieur de la prison, ces circonstances favo-
risaient tellement l'évasion générale de

tous les prisonniers, que nul doute que je n'en eusse profité.

Malgré la précipitation du factionnaire, son coup avait porté juste, et l'or distinguait à quelques pas de lui, sur la chaussee. deux masses qui paraissaient complétement inertes. Craignant sans doute que cette immobilité ne cachât un piége, nos guerriers improvisés hésitaient à s'avancer, et cette hésitation eût peut-être été de longue durée si l'un d'eux n'eût crié ce mot magique : « A la baïonnette ! » Ils serrèrent les rangs et s'avancèrent en masse compacte... La crainte n'était qu'une chimère : l'ennemi, un cheval blessé mortellement par une balle qui l'avait transpercé, un cavalier invisible, caché qu'il était sous le ventre du cheval qui en tombant l'avait jeté sous lui. Ce malheureux avait une horrible blessure à la tête d'où le sang s'échappait à flots.

Redevenus braves par l'évanouisse-
ment du danger, la verve reparut dans
les rangs. « C'est un espion ! s'écria un
des premiers arrivés, il faut le fusiller ! »
— « Non ! reprit un autre, il faut le garder comme otage. » Et comme cette idée
rallia la majorité des pensées émises, on
décida que l'inconnu serait conduit à la
prison.

Vu sa triste position, la marche lui
était impossible, aussi, à l'aide de quatre
fusils on établit une civière sur laquelle
on le transporta à la prison où nous nous
empressâmes de lui donner les soins que
son état réclamait. Le lendemain matin
je fus chargé de l'envoyer à l'hospice où
il mourut quelques jours après des suites
de sa blessure.

On reconnut, renseignements pris, que
c'était un ancien habitué des cours d'as-
sises qui venait de voler le cheval d'un

membre du Comité central, lequel le lui avait donné à garder à la porte d'un club.

Tandis que nous prodiguions au blessé les soins indispensables et que nous cherchions à nous rendre compte de sa position, un singulier épisode s'accomplissait au dehors.

Les gardes nationaux qui étaient accourus à l'appel du factionnaire, ne trouvant plus moyen d'exercer leur ardeur belliqueuse, crurent noble et magnanime d'assouvir leur fureur sur la pauvre bête qui ne demandait qu'à mourir en paix. En moins de quelques secondes, ils le dépecèrent, qui avec des couteaux, qui avec leurs sabres-baïonnettes, et chacun d'eux rentra au poste en portant d'un air martial, une partie des dépouilles sanglantes et encore palpitantes du bucéphale dont la course précipitée leur avait causé de si grandes inquiétudes !...

On alluma de petits feux de bivac
dans tous les coins de la cour et vers trois
heures du matin on respirait le parfum
d'un bouillon succulent dont ils se gor-
gèrent tous jusqu'au jour , en ayant
soin pour compléter et couronner la fête
d'arroser le tout de nombreuses libations.

Grâce à cet épisode dont la pauvre bête
fut victime, le reste de la nuit fut assez
calme et quelques instants après nous
saluâmes avec bonheur les premiers
rayons de l'aurore naissante.

19 mars.

Dès l'aube je m'empressai de visiter mes prisonniers que je trouvai sur pied et en bonne santé malgré les émotions de la nuit.

Je leur procurai les choses les plus nécessaires et courus à la recherche de quelques journaux.

Tout le poste était debout, il y avait un grand mouvement sur l'avenue ; on venait d'annoncer l'arrestation et l'assassinat des généraux Lecomte et Clément Thomas, à Montmartre.

La troupe, disait-on, avait fraternisé avec la garde nationale fédérée.

Ils étaient tous contents, car ils considéraient ces crimes comme une grande victoire.

Pour moi, la nouvelle de ces assassinats me remplit d'horreur et d'épouvante. Quels dangers n'aurions-nous pas courus la veille si cette malheureuse nouvelle avait été connue dans notre quartier !...

Le Figaro fut le premier journal que je trouvai, il confirmait la triste rumeur. Un ami voulut bien me prêter *le Siècle*, car les journaux étaient rares le 19 mars.

Je remis l'un des journaux au général, l'autre au député, et me hâtai de me retirer, me sentant tout ému. Ce ne fut pas cependant avant d'avoir entendu le général Chanzy qui, avide de nouvelles, parcourant *le Figaro* à la hâte, s'arrêta tout à coup et lut à haute voix ce qui suit : « Les généraux Clément Thomas et Lecomte, abandonnés par leurs troupes, ont été arrêtés par les gardes nationaux, à Montmartre, et lâchement assassinés rue des Rosiers. »

Sur ces entrefaites, je reçus du secteur l'ordre ci-dessous que je m'empressai de mettre à exécution :

« Le directeur de la prison mettra en liberté les quatre officiers qui ont été arrêtés hier matin, ainsi que le domestique du député qui a été arrêté par erreur au chemin de fer d'Orléans.

« Paris, le 19 mars 1871.

« Pour le Chef de la Légion :

« *Le Commandant de Place,*

« *Signé :* CAYOLLE. »

Sceau du Secteur.

J'allai annoncer aux quatre officiers et au domestique du député que j'étais chargé de les mettre en liberté. Ils s'empressèrent de dire au revoir à tous leurs compagnons et quittèrent la prison sans regret...

La nouvelle de l'assassinat des généraux à Montmartre avait laissé impassi-
bles le général Chanzy et M. Turquet. Je
n'oublierai jamais le calme de ces deux
prisonniers, et l'énergie avec laquelle
ils soutenaient leurs compagnons de
captivité qui étaient tout émus et décou-
ragés, parce qu'ils réfléchissaient sans
doute aux dangers qn'ils avaient courus
la veille et pendant la nuit.

Comme onze heures venaient de sonner, je me rappelai que le poste devait
être relevé d'un moment à l'autre ; aussi
fis-je appeler le lieutenant pour le remer-
cier du bon concours qu'il m'avait donné
et le prier de vouloir bien me laisser son
nom par écrit, ce qu'il s'empressa de
faire.

A peine avait-il terminé, que nous
vîmes arriver une compagnie du 134e bataillon, commandée par le lieutenant

Masson, homme qui nous fit à tous autant de mal que son prédécesseur nous avait fait de bien. Qu'il me soit permis d'ajouter ici, chers lecteurs, qu'en récompense de ses hauts faits, il a été envoyé depuis à la Nouvelle-Calédonie...

Cette matinée, en somme, avait été calme, et j'avais pu procurer un frugal repas aux prisonniers qui me restaient ; de plus, j'avais l'espoir de recevoir bientôt des ordres pour les mettre tous en liberté.

Arrestation du général de Langourian.

———

A peu près à cette heure, on arrêta un général et deux officiers au chemin de fer d'Orléans. Le général était, disait-on, d'Aurelles de Paladines ; on voulait le fusiller parce qu'il avait été nommé commandant en chef de la garde nationale : tel était son crime ! Du chemin de fer, les officiers avaient été conduits place de la Mairie (XIIIᵉ arrondissement), et de là à la prison du 9ᵉ secteur.

Ce bruit ayant transpiré, tout le monde se porte à leur rencontre ; on voit encore se renouveler les mêmes menaces et les mêmes périls que la veille. L'avenue d'Italie se trouve encore encombrée d'une foule compacte, formée surtout d'hommes armés. On arrive à la porte de la prison,

je m'avance à la rencontre du cortége en
tête duquel marche un général suivi de
deux officiers : un capitaine et un jeune
sous-lieutenant. Je les accompagne jusqu'au bureau où je les fais entrer dans
l'espoir d'arrêter la foule. Vaine tenta-
tive ! En un instant les portes sont forcés
et le bureau pris d'assaut comme la
veille. « A mort ! crient les plus forcenés,
c'est d'Aurelles de Paladines, il faut le
fusiller !... » Je tourne autour du général,
cherchant à écarter les plus dangereux.
Tout à coup on entend dans le couloir
une voix qui réclame le silence, c'est le
commandant de place. A sa vue le calme
se fait, on le laisse s'avancer ; alors,
s'approchant du général, il lui dit : « Citoyen général, au nom du Comité central
que je représente, je vous somme de me
rendre votre épée et de me dire qui vous
êtes ! »

« — « Pour vous rendre mon épée, il faudrait que j'eusse été vaincu, répond le général d'une voix ferme ; on m'a arrêté, mais l'on ne m'a pas vaincu. Je refuse par conséquent de rendre mon épée ! Quant à vous dire qui je suis, donnez-moi de l'encre et du papier, et je vous écrirai mon nom. »

A ces mots, il y eut un brouhaha indescriptible, que dominèrent cependant les clameurs suivantes : « Puisqu'il ne veut pas rendre son épée, qu'on le fusille ! C'est sans doute d'Aurelles de Paladines, il ne faut pas qu'il nous échappe !... »

Je m'étais empressé de donner au général ce qu'il fallait pour écrire, je suivis de l'œil la plume traçant ces mots : « De Langourian, général de brigade. »

Je pris l'autographe et le communiquai au commandant, qui lut à haute voix :

« De Langourian, général de brigade. »

A ce nom, les plus furieux se calment un peu ; la plupart paraissent tout déconcertés, car ils comptaient sur la capture du général d'Aurelles de Paladines.

« Qui que vous soyez, dit de nouveau le commandant au général, je vous somme de me rendre votre épée, sinon, je vous fais fusiller ! »

— « Fusillez-moi si vous voulez, reprend le général, car pour rendre mon épée, jamais ! »

Voyant que le danger augmente par suite de la résistance du général, je m'avance vers lui et le supplie de se laisser désarmer.

« Qui êtes-vous, me dit-il ? »

— « Votre gardien, mon général, veuillez donc, je vous en conjure, laisser prendre votre épée... »

— « Eh bien ! qu'on la prenne ! s'écrie-t-il ; mais, quant à moi, je ne la donnerai jamais !... »

A ces mots, sur un signe du commandant Cayolle, deux fédérés s'assurèrent de la personne du général en le prenant par derrière, et alors le susdit Cayolle s'empara non-seulement de son épée mais encore de sa couverture de voyage. (Cette épée fut trouvée plus tard en possession du citoyen Dacosta, lors de son arrestation et fut rendue au général). Le manteau en fourrure qu'il portait me fut confié ; je le lui envoyai plus tard à la prison de la Santé où il fut ensuite transféré.

Satisfait, le commandant s'éloigna ; quant aux gardes nationaux, reconnaissant que ce n'était pas le général d'Aurelles de Paladines qu'on avait arrêté, ils se retirèrent à leur tour. J'en profitai pour conduire les nouveaux prisonniers dans leur commun et triste séjour, de

crainte qu'un autre attroupement ne se
reformât.

Après quelques paroles échangées entre nous, le général me demanda s'il était
en mon pouvoir de lui composer un
repas, quelque modeste qu'il fût, ajoutant qu'il n'avait rien pris depuis la
veille. Je ne demandai que quelques
instants pour me procurer le nécessaire
et je priai mes nouveaux arrivés de se
mettre à table, ce qu'ils firent de grand
cœur.

J'avais à peine servi le déjeuner, qu'un
officier du Comité central se présenta au
bureau avec un ordre ainsi conçu :

13ᵉ LÉGION.   9ᵉ SECTEUR.

« Le directeur de la prison remettra
le général Chanzy, le général de Langourian et les deux officiers qui l'ac-

compagnent, au porteur du présent.

« Pour le Chef de Légion :

« *Le Commandant de Place,*

« *Signé :* CAYOLLE.

« Paris, le 19 mars 1871. »

Sceau du Secteur.

Je fis remarquer à cet officier que c'était une grande imprudence de transférer les généraux un dimanche à une heure semblable et qu'ils pourraient courir de grands risques s'il n'avait pas une bonne escorte.

L'officier me répondit qu'il n'y avait aucun danger, tout ayant été prévu d'avance. « Nous avons, ajouta-t-il, une voiture pour leur éviter la peine de marcher, et assez d'hommes pour les défendre en cas d'attaque. »

Comme c'était un officier du 101e bataillon, je n'avais guère confiance en lui;

aussi refusai-je de lui remettre les prisonniers. Il me quitta furieux et retourna
au secteur. Après son départ, je courus à
la prison pour rendre compte aux généraux de ce qui venait de se passer. Le
général Chanzy me dit : « Savez-vous où
l'on veut nous conduire ? Je lui répondis
que je l'ignorais.

De retour au bureau, je trouvai le terrible officier accompagné d'une douzaine
de gardes nationaux. S'avançant vers
moi, il s'écria d'un ton menaçant : « Si
vous ne me remettez pas les généraux
sur le champ, j'ai ordre de vous arrêter
vous-même. »

Jugeant toute résistance impossible,
je lui répondis que j'allais lui remettre
les quatre officiers, mais que, s'il leur
arrivait malheur, je lui en laissais toute
la responsabilité.

« Soyez sans crainte, ricana-t-il, je

me charge volontiers de tout ce qui peut
leur arriver !... »

Je me dirigeai immédiatement vers la
prison pour annoncer de nouveau aux
généraux cet ordre contraire. Ils me répondirent qu'il était inutile de résister
et qu'ils étaient prêts à suivre les ordres
qu'on m'avait intimés; et, sur ce, ils
quittèrent la prison, après avoir dit au
revoir à leurs compagnons d'infortune
qui les voyaient partir à regret, éprou-
vant les mêmes craintes que moi sur
leur sûreté personnelle.

Transfert des généraux à la prison de la Santé.

Nous nous dirigeâmes vers le bureau où nous attendaient avec impatience le capitaine du 101ᵉ bataillon et sa petite escorte. En remettant les quatre officiers au capitaine, je lui demandai où il était chargé de les conduire :

« A la prison de la Santé, me répondit-il d'un ton bref. »

Avant de me quitter, le général Chanzy me fit l'honneur d'une poignée de main, me remit sa carte et me dit : « Au revoir en des temps meilleurs ! »

A la vue des généraux, l'officier qui commandait l'escorte s'écria : « Portez armes ! Présentez armes ! » et fit mettre ses hommes sur deux rangs. Les quatre officiers se placèrent au milieu et quittè-

rent la prison entourés de douze baïonnettes, comme s'ils eussent été de grands
criminels. Je les accompagnai jusqu'à la
chaussée, et, après les avoir vus monter
en voiture, je les saluai et fis des vœux
au ciel pour qu'ils arrivassent sains et
saufs, car transférer des généraux un
dimanche à un pareil moment de la journée, surtout après ce qui venait d'arriver
il y avait à peine une heure, était de la
plus grande témérité. J'ai toujours cru
que cela avait été fait à dessein dans le
but d'exposer leur vie. La voiture et
l'escorte se dirigèrent donc lentement
vers la place d'Italie, tandis que je retournai à mon service. A peine étais-je de
retour qu'on vint m'annoncer l'attaque
des généraux sur la place d'Italie. Je
courus à la hâte pour tâcher de leur
porter secours ; mais j'avais été devancé,
fort heureusement, par quelques bons

citoyens qui les avaient protégés et dégagés de la foule au péril de leur vie.

Après une lutte terrible, les généraux avaient été obligés de mettre pied à terre; mais, dégagés par leurs protecteurs, ils avaient fini le trajet à pied. Le boulevard d'Italie était encombré par tous ces furieux, où figuraient même jusqu'à des femmes et des enfants. On n'avançait qu'avec difficulté et précaution, j'arrivai pourtant assez près des généraux, au moment où ils allaient entrer à la prison, pour m'assurer qu'ils n'avaient reçu aucune blessure grave.

Parmi leurs protecteurs, j'avais remarqué un de mes amis, le capitaine André, qui était entré dans la prison avec les généraux. J'attendis résolument sa sortie afin d'avoir des nouvelles précises sur l'état des quatre officiers et la manière dont ils avaient été attaqués sur la place.

d'Italie. Il me rassura en me disant que ceux-ci avaient été un peu contusionnés, mais qu'ils n'avaient reçu aucune blessure.

Le lecteur me permettra de consacrer ici un chapitre au récit détaillé que me fit le capitaine André, de la lâche agression dont les quatre officiers avaient été l'objet.

Attaque des prisonniers.

Par suite de l'arrestation du général de Langourian, pris par mégarde pour le général d'Aurelles de Paladines, la place d'Italie était encore encombrée quand eut lieu la sortie des prisonniers. A la vue de la voiture découverte qui les conduisait, il y eut de grands murmures dans la foule, on entendit même distinctement des menaces de mort. Une femme à la tournure plus que suspecte, femme dont on ne put retrouver les traces, se mit à injurier les généraux et s'approcha d'eux pour leur cracher à la face.

Ce fut le signal de l'attaque; un jeune vaurien du quartier grimpa sur la voiture comme un singe et se mit à souffleter les généraux. S'emparant ensuite de leurs

képis, il les lança dans la foule qui, les
fit circuler. En un instant, la voiture fut
prise d'assaut ; quant à l'escorte et à
l'officier, ils disparurent au moment de
l'attaque. Sans l'intervention de MM.
Combes et Léo Meilliet, du capitaine
André, de la 7ᵉ compagnie du 176ᵉ bataillon, du sergent-major Amat, 8ᵉ compagnie du même bataillon, de M. Beaudoin,
négociant du quartier, aidés de quelques
gardes du 185ᵉ bataillon, dont je regrette
de ne pas savoir les noms, ils auraient
été infailliblement massacrés sur place.
Le général Chanzy fut dégagé par MM.
Combes et Léo Meilliet, aidés de M. Beaudoin. Le général de Langourian et les
deux autres officiers furent dégagés par
le capitaine André, le sergent-major
Amat et les quelques gardes du 185ᵉ bataillon qui les accompagnèrent jusqu'à la
porte de la prison de la Santé.

Après ce récit, je félicitai le capitaine du service qu'il venait de rendre, non-seulement aux officiers, mais encore à la conscience publique ; puis, je revins en toute hâte à la prison où m'appelait mon service. Je fis connaître aussi aux prisonniers qui restaient les dangers que les généraux avaient courus, et les noms des personnes qui les avaient protégés.

Lors de son départ, le général Chanzy m'avait confié une lettre pour que je la fisse parvenir à Mme Chanzy, qui était alors à Rochefort. Mais, d'une part, réfléchissant aux événements qui venaient d'avoir lieu ; et de l'autre, sachant que la lettre n'était pas cachetée, je demandai à M. Turquet qui était l'ami du général, s'il ne serait pas inconvenant d'y ajouter quelques mots au sujet du transfert et de ses suites, afin de rassurer Mme Chanzy, dans le cas où les journaux viendraient le lui apprendre. Sur les conseils de M. Turquet, je tirai la lettre de son enveloppe et je traçai les quelques lignes suivantes à la quatrième page :

« Madame,

« Vous aurez peut-être appris par les journaux, au moment où vous recevrez cette lettre, ce qui est arrivé au général, et de quelles violences il a été l'objet pendant son transfert de la prison du 9ᵉ secteur, avenue d'Italie, 38, à la prison de la Santé, où il est actuellement.

« Quoiqu'on en ait pu dire, soyez sans inquiétude, madame, car, malgré quelques menaces dont le général a été l'objet sur la place d'Italie, il a été dégagé par quelques amis, et protégé par eux jusqu'à la prison de la Santé, où je l'ai vu entrer moi-même en compagnie du

général de Langourian, sans aucune blessure apparente.

« Recevez, madame, etc.

« *Signé :* ROUFFIAC. »

Je cachetai soigneusement la lettre et
la portai à la poste.

J'ai appris plus tard de Mme Chanzy
même que la lettre lui était parvenue
sans retard, avant que la nouvelle ne fût
publiée par les journaux. Quant aux
quelques lignes que je m'étais permis
d'ajouter, Mme Chanzy ne m'en fit aucun
reproche, pas plus que le général.

Au milieu de toutes ces péripéties, la
journée s'était presque écoulée ; il était
temps que je m'occupasse un peu des
prisonniers qui me restaient. Je n'avais
rien de plus à ma disposition pour leur
permettre de prendre un peu de repos.
C'était la deuxième nuit qu'ils allaient

passer couchés sur des briques humidse dans ce triste hangard qui leur servait dé prison.

Je me décidai à faire une nouvelle démarche auprès du commandant du secteur, afin de le prier de bien vouloir me laisser apporter quelques matelas dans la prison. Cayolle me répondit carrément que mes prisonniers n'avaient pas besoin de matelas puisqu'on devait les transférer d'un moment à l'autre. Je m'en retournai tout déconcerté annoncer ce nouveau refus à mes prisonniers et leur apprendre qu'ils devaient être transférés sous peu.

Quelques-uns me demandèrent si je pouvais leur permettre de faire apporter quelques couvertures de chez eux, ainsi que des oreillers et des provisions pour la nuit : il va sans dire que je leur accordai ce qu'ils me demandaient sans aucune difficulté.

Quoique le quartier fût en mouvement, les abords de la prison étaient assez calmes; sans l'arrestation d'un bon vieillard décoré de la Légion-d'Honneur, qui avait été reconnu pour un ancien brigadier de gendarmerie, nous aurions passé la soirée sans la moindre émotion.

Dix heures venaient de sonner; c'était l'heure habituelle de fermer les portes et de ne plus laisser entrer personne. Selon la consigne, je fis prévenir le chef de poste. Il me fit répondre qu'il avait reçu l'ordre de nous garder tous, que je n'eusse plus à m'occuper de son service, car il savait lui-même à qui il avait affaire. Je ne crus pas devoir relever le gant et je m'occupai à prendre mes dispositions pour la nuit.

Les brutalités du lieutenant Masson nous faisaient regretter le capitaine Deruyssert, notre chef de poste de la veille,

qui se trouve en ce moment sous le poids
d'une faute dont il n'avait pas compris
l'importance, et pour lequel je fais des
vœux d'élargissement en récompense des
services qu'il nous rendit à tous pendant
la nuit du 18 au 19 mars 1871.

J'avais fait apporter du bois en quantité suffisante pour jusqu'au lendemain.
Après m'être assuré que mes prisonniers
n'avaient plus besoin de rien, ou plutôt
que je ne pouvais plus disposer de quoi
que ce fût en leur faveur, je me retirai
dans le bureau pour veiller à leur sûreté,
non sans avoir cependant soigneusement
fermé les portes.

Deux factionnaires gardaient les portes
de la prison ; je les engageai à ne pas
faire de bruit en ouvrant ou en fermant
les deux petits guichets qui leur permet-
taient de voir ce qui se passait dans l'intérieur de la prison, désirant que les

détenus pussent enfin prendre un peu de repos après tant d'émotions. J'allai ensuite faire un tour au poste. Je ne vis pas de rôdeurs comme la veille; il n'y avait que les hommes de garde. La cantinière était partie. Une quinzaine commençaient à ronfler sur les lits de camp; quant au chef de poste, il jouait aux cartes avec des amis.

« C'est l'habitude, lui dis-je, de fermer les portes à dix heures et de ne plus laisser entrer qui que ce soit. »

— « C'est mon affaire, me répondit-il, et j'ai donné des ordres à ce sujet. »

A cette réponse, je me retirais sans rien dire, lorsque je fus interpellé par le lieutenant Masson, qui me demanda de vouloir bien lui remettre la clef de la prison pour ses rondes de nuit.

Je lui répondis froidement que je ne pouvais me dessaisir de mes clefs, que je

ne me couchais pas et que je l'accompa-
gnerais moi-même. « C'est bien, me dit
le chef de poste, on vous prendra en
passant. »

Voyant que tout était calme, je me
retirai dans le bureau et essayai de prendre un peu de repos sur une chaise, en
compagnie du gardien Saint-Denis, qui
n'était pas mieux couché que moi. Malgré la fatigue, le sommeil s'emparait
difficilement de moi ; je prenais le moindre bruit pour une attaque, tellement
les émotions de la veille m'avaient
surexcité.

Vers une heure, je fus réveillé par le
bruit d'un sabre traînant sur le brique-
tage du couloir : c'était le lieutenant qui
venait faire sa ronde. Je l'accompagnai
et lui ouvris les portes de la prison. Quelques-uns de nos prisonniers étaient couchés sur nos petits matelas, les autres se

chauffaient autour du poële. Après avoir
vu que tout était tranquille, et avoir fait,
sans rien dire à personne, un tour dans
la prison, le lieutenant et son escorte se
retirèrent et je refermai soigneusement
les portes. Le reste de la nuit se passa
dans le calme, et tout le monde put
prendre un peu de repos jusqu'au lendemain.

J'avais formé un projet pendant mon
insomnie : c'était d'obtenir la mise en
liberté de M. Turquet, ou de le faire évader pendant le jour sous un déguisement
quelconque.

Dès l'aube, je me rendis à la prison
pour lui communiquer mes projets, mais
il ne parut pas y avoir confiance : « Es-
sayez, me dit-il, mais je crains bien que
vous ne réussissiez pas. »

Je le quittai sans insister et me dirigeai
vers la mairie où je demandai conseil à

M. Combes et m'informai s'il ne pouvait pas lui-même activer un peu la délivrance de tous les prisonniers en général et de M. Turquet en particulier.

M. Combes me répondit qu'il ne pouvait rien par lui-même, attendu qu'il était tout à fait étranger à leur arrestation, mais que je pourrais peut-être obtenir leur élargissement de M. Duval ou de M. Léo Meilliet. Me rendant à ce conseil, j'allai aussitôt au secteur. M. Duval était absent; s'étant emparé de la Préfecture de police pendant la nuit, il y était resté comme délégué.

J'exposai au commandant Cayolle, nouvellement revêtu des insignes de son grade, le motif qui m'amenait près de lui, ajoutant que M. Turquet, député, n'avait été arrêté qu'à cause de sa décoration, et que par suite, on l'avait pris pour un officier de l'armée. Il n'y avait donc aucune raison de le retenir en prison, et je venais solliciter l'autorisation de le mettre en liberté.

« Si M. Turquet est en prison, qu'il y reste, me dit le commandant de place. Je n'ai aucun ordre à vous donner à ce sujet. Retournez à votre service, et sachez que vous êtes chargé de garder les prisonniers, et non de les faire mettre en liberté. »

C'était clair et net; n'ayant rien à répondre, je quittai le secteur et retournai à la mairie à la recherche de M. Meilliet, car je voulais avoir une solution. Je m'adressai à un employé, j'appris que M. Meilliet venait d'arriver et qu'il était dans son cabinet; je le priai de m'annoncer. Quelques instants après je fus introduit auprès de M. Meilliet. Le trouvant seul, je lui exposai le but de ma visite. Il me dit qu'il ne pouvait rien; que c'é-

tait le commandant Cayolle qui était
chargé du service des prisons, et que
conséquemment je devais m'adresser à
lui. « Mais, lui dis-je à ce moment, je
viens de le voir et c'est précisément lui
qui m'envoie vers vous, monsieur le
Maire, parce que, en votre qualité de
membre du Comité central, vous disposez
d'une grande influence. »

A ces mots : « membre du Comité central » M. Meilliet m'interrompit et me
dit : « Je voudrais vous accorder ce que
vous me demandez, car je sais bien que
M. Turquet est détenu illégalement;
mais je ne voudrais pas me compromettre
vis-à-vis de mes collègues. Donnez-moi
un moment de réflexion, dans une demi-
heure, je vous ferai porter la réponse. »

Avant de le quitter, j'ajoutai ce qui
suit : « M. Turquet m'a chargé de vous
prier de disposer de votre influence en sa

faveur, il vous en sera personnellement reconnaissant. »

— « Allez, me dit-il, je vais faire tout mon possible. »

Je quittai la mairie et ne retournai à la prison qu'à moitié satisfait, car je n'étais sûr de rien. A mon arrivée au bureau, j'y trouvai un ordre du secteur ainsi conçu :

13ᵉ LÉGION.   9ᵉ SECTEUR.

« Ordre est donné aux gardiens de la prison de rester à leur poste et de garder tous les prisonniers qui leur seront confiés.

« Pour le Chef de Légion :

« *Le Commandant de Place,*

« *Signé :* CAYOLLE.

« 20 mars, 1871. »

Sceau du Secteur.

Je n'avais pas rendu compte de mes démarches à M. Turquet, n'étant pas sûr de réussir. Cependant j'attendis au bureau, avec impatience la réponse de M. Meilliet qui, à mon grand plaisir, ne se fit pas attendre longtemps. Un employé de la mairie demanda bientôt à parler au directeur lui-même. Je donnai l'ordre de le laisser venir.

Il s'assura que c'était bien moi qui attendais la réponse et il me remit de la part de M. Meilliet, un pli cacheté que je m'empressai d'ouvrir et dont voici le contenu :

13e Arrondissement.   Mairie des Gobelins.

« Le directeur de la prison mettra en liberté M. Turquet, député, comme étant un bon républicain.

« Paris, le 20 mars 1871.

« *Signé :* LÉO MEILLIET, *maire.* »
Sceau de la mairie.

Je m'empressai de me rendre à la prison pour annoncer cette bonne nouvelle à M. Turquet. Cela fait, il restait à trouver le moyen de lui faire quitter la prison sans danger pour sa personne, car, ce que nous avions vu la veille à l'égard des généraux, devait nous servir de leçon.

Nous nous entretînmes de ce sujet et il fut convenu que M. Turquet ferait quelques changements à sa toilette ; qu'il enlèverait provisoirement les insignes de la Légion-d'Honneur, qui étaient loin d'être un talisman pendant la Commune ; puis, que je le ferais accompagner par un ami dévoué jusqu'à ce qu'il fût hors de danger. Qu'il me soit permis de dire ici que cette sorte d'amis était rare en ces jours de malheur.

Je l'aurais accompagné moi-même si, comme on a pu le voir plus haut, l'on ne m'eût intimé l'ordre de rester à mon

poste. J'envoyai donc à la recherche de
mon chef de poste de la veille, le lieutenant Deruyssert, le seul en qui j'eusse
pleinement confiance. Il se mit de bon
cœur à ma disposition, et je le priai alors
de prendre M. Turquet et de l'accompagner dans Paris jusqu'à ce qu'il le crût
en sûreté.

Délivrance de M. Turquet.

Ils quittèrent la prison tous les deux sans être remarqués; ils arrivèrent place d'Italie où ils trouvèrent M. Léo Meilliet qui se chargea de protéger M. Turquet.

Je vais me permettre d'insérer ci-dessous, la réponse dont M. Turquet a bien voulu m'honorer, et où il indique de quelle manière il arriva sans difficulté à Versailles.

« Le Puys (près Dieppe), le...

« ASSEMBLÉE NATIONALE.

« Monsieur Rouffiac,

« Je vous envoie la photographie du sergent-major, votre prisonnier, et celle du député de l'Aisne ; je vous autorise à les faire reproduire dans votre brochure.

Mr Edmond TURQUET

Député de l'Aisne.

« Lorsque je quittai le lieutenant, sur la place d'Italie, M. Meilliet, me fit entrer dans une cour derrière la mairie où se trouvait un coupé attelé. Nous montâmes dedans et nous arrivâmes sans encombres à la gare de l'Ouest.

« M. Meilliet me quitta dans la salle des Pas-Perdus.

« Aussitôt après mon entrée dans la salle des séances, MM. les Ministres m'invitèrent à monter à la tribune pour raconter ce qui s'était passé.

« J'y montai dans la tenue que vous savez.

« Recevez, Monsieur, avec mes nouveaux remercîments, l'assurance de mon entier dévouement.

« *Signé :* EDMOND TURQUET,

« *Député de l'Aisne.* »

M. Turquet parti, je fis un paquet des effets et du linge qui me restaient et les envoyai en lieu sûr, car je m'attendais à quitter la prison d'un moment à l'autre.

Vers les trois heures, un monsieur se présenta au bureau pour les prendre ; je lui expliquai que je venais de les faire remettre chez un ami qui m'avait promis de les porter lui-même à destination. Après quelques instants d'entretien, il me demanda si je ne pouvais pas sortir un moment avec lui, parce qu'il avait une communication à me faire. Lorsque nous fûmes seuls, il me dit que le général Chanzy lui avait fait demander quelques objets dont il avait besoin à la prison de la Santé, et qu'il me serait très-reconnaissant si je pouvais lui obtenir la permission de les remettre lui-même.

Je n'étais pas bien sûr d'obtenir cette autorisation, mais j'essayai néanmoins.

Je priái l'envoyé du général de m'attendre pendant que j'irais au secteur.

En y arrivant, un tel spectacle s'offrit à mes yeux, que je crus un instant être sous l'effet d'un rêve : çà et là des chaises et des bancs gisaient abandonnés, des individus s'occupaient à entasser des paperasses au sein de nombreux cartons... Ne sachant que comprendre, je pensai d'abord que les troupes de Versailles avaient sans doute projeté une attaque de ce côté et que les fédérés, en ayant eu connaissance, enlevaient au plus tôt des pièces compromettantes. Bref, mon esprit se fût peut-être livré longtemps encore à de telles conjectures, si le mot de l'énigme ne m'eût été donné par un jeune lieutenant que je rencontrai là, fort heureusement. Cet officier m'apprit que l'état-major déménageait, tout simplement, et qu'il allait se rendre à

l'ancien secteur, où commandait pendant
le siége l'amiral de Challier.

Je bénis en moi-même l'heureux ha-
sard qui m'envoyai ainsi à point nommé
un ami, car n'étant pas en bonne intelligence avec le commandant Cayolle pour
des raisons que le lecteur a pu déjà ap-
précier, je n'aurais certes pas réussi à
moi seul dans cette entreprise. Je rafraî-
chis un peu les souvenirs de ce jeune
homme avec lequel j'avais été en très-
bons rapports pendant la durée de la
guerre, et nous fûmes bientôt sur le
même pied qu'auparavant. Cela fait, je
lui expliquai le but de ma visite et l'importance qu'avait pour moi l'autorisation
que je venais demander, autorisation que
son concours me ferait obtenir à coup
sûr. Il me dit qu'il allait faire tout son
possible, mais, comme il serait impru-
dent que je restasse là, il m'apporterait

lui-même l'autorisation au café qui était en face, aussitôt qu'il aurait trouvé le moyen de la faire signer avec d'autres pièces.

Quelques instants après, il venait me rejoindre, porteur du billet ci-après :

13ᵉ LÉGION.   9ᵉ SECTEUR.

« Le directeur de la prison de la Santé laissera communiquer le porteur du présent avec le généal Chanzy (pendant une heure), auquel il remettra le linge nécessaire.

« *Le Commandant de Place,*

« *Signé :* CAYOLLE.

« 20 mars, 1871. »

Sceau du Secteur.

Heureusement que le commandant de place savait à peine lire, sans quoi il aurait refusé net l'autorisation, car personne ne devait communiquer avec les détenus. Je remerciai le jeune officier du service qu'il venait de me rendre et je courus aux Gobelins afin de remettre la précieuse cédule, les effets de M. Turquet et la fourrure du général de Langourian à la personne qui m'attendait avec sa voiture et qui se dirigea vers le centre de Paris sans me dire son nom. J'appris quelques jours plus tard qu'il avait pu voir le général et lui remettre les effets dont il s'était chargé.

De retour à la prison, je trouvai notre chef et le chef de poste qui feuilletaient le livre d'écrou sur lequel je n'avais inscrit personne depuis le 17 mars. Ils m'en firent le reproche d'un ton d'autorité dont ils n'avaient usé à mon égard depuis longtemps. Je crus ne pas devoir leur répondre autrement que par le si-

lence et me dirigeai vers la prison pour
raconter aux détenus le motif de mon
absence et leur annoncer qu'on viendrait
probablement prendre leurs noms et les
inscrire sur le livre d'écrou.

« Eh bien ! laissez-les venir, s'écriè-
rent quelques-uns de ces Messieurs, vous
verrez comment nous leur répondrons. »

Ces paroles étaient à peine prononcées
que la porte s'ouvrit : c'étaient les deux
chefs, Bourgoin et Masson, qui entraient.
Après quelques minutes de réflexion,
Bourgoin s'adressa aux prisonniers et
leur dit en bégayant :

« M... M... Messieurs, nous... nous...
nous venons pour prendre vos... vos...
vos... noms et... et... prénoms, a... a...
afin de les... les... les... inscrire sur le...
le... livre d'é.., d'é... d'écrou. » Puis se
tournant vers moi, il dit : « Cela de...
de... devrait et... et... être fait. »

— « Nos noms et prénoms sont assez connus de ceux qui nous ont fait arrêter et de vous-mêmes ; nous sommes bien étonnés que vous veniez nous les demander, répondirent les commissaires de police. »

A cette réponse, les deux chefs se regardèrent, firent un demi-tour sur eux-mêmes et quittèrent la prison sans souffler mot. Cependant ils s'arrêtèrent dans le couloir, s'entretinrent un instant, puis se dirigèrent vers le secteur sans s'arrêter au bureau.

Une intimité de mauvais augure m'avait paru exister déjà entre les deux chefs ; je me défiai d'eux. Peu de temps s'écoula, du reste, avant que mes craintes ne se changeassent en réalités.

J'appris qu'ils étaient allés, en effet, porter plainte contre nous au secteur, disant que nous étions trop complaisants

pour les prisonniers; que le général
Chanzy m'avait remis sa carte-et de l'argent lors de son départ de la prison.
Ils ajoutèrent en manière de conclusion
qu'ils venaient demander notre révocation et la nomination du lieutenant Masson à notre place, se chargeant à eux
seuls de faire le service.

Craignant que cette démarche au secteur ne fût favorablement accueillie,
nous nous empressâmes de procurer à
ceux de nos prisonniers qui n'avaient
rien reçu de chez eux, une nourriture
suffisante, et, pour les garantir du froid
pendant la nuit, quelques oreillers et
quelques couvertures; la consigne défendant toujours l'entrée des matelas. Heureusement qu'au milieu de toutes ces
'calamités, le bois ne nous faisait pas
défaut, sans quoi la position de nos prisonniers n'eût pas été tolérable.

La désorganisation du service était telle que le poste de la prison n'avait pas été relevé à midi selon l'habitude ; et, malgré tout le dévouement du 134º bataillon pour le Comité central, les gardes **ne** laissaient pas que d'exprimer hautement leur répugnance à passer une deuxième nuit sur les lits en planches ; ils allèrent même jusqu'à murmurer contre leur chef. Cependant, croyant pour la plupart qu'il s'était rendu au secteur pour les faire relever, ils attendaient son arrivée avec impatience.

Bourgoin avait fait comprendre à Masson qu'on pouvait se faire beaucoup d'argent à la prison ; et ce dernier, mû par l'égoïsme, ne consultant que son intérêt, fut tellement loin de faire relever ses hommes, qu'à son arrivée il leur dit qu'ils étaient obligés de rester jusqu'au lendemain matin. Quelques murmures

accueillirent ces paroles; cependant, ils
en prirent rapidement leur parti et chacun fit ses préparatifs pour passer la nuit
le moins mal possible.

Les uns prirent place sur les lits de
camp, enveloppés dans leur couverture ;
d'autres, jouèrent aux cartes; enfin,
quelques-uns un peu plus fortunés,
comme la cantinière était partie, ses provisions étant épuisées, coururent chez le
marchand de vin.

Bourgoin n'avait pas reparu depuis son
départ pour le secteur. Je m'assurai qu'il
y avait assez de bois pour la nuit dans la
prison, et je rentrai au bureau pour prendre un peu de repos.

21 mars 1871.

La nuit fut calme et la matinée s'annonça comme devant être une de ces belles journées que compte souvent le printemps ; aussi tout le monde était-il sur pied dès six heures du matin. J'annonçai à nos prisonniers qu'on devait les transférer dans la matinée à la prison de la Santé. Ils s'en montrèrent tous très-satisfaits ; en effet, on ne pouvait s'attendre à rencontrer un endroit où ils pussent être aussi mal qu'ils l'étaient dans celui-ci.

Je leur racontai qu'après le départ des généraux, j'avais écrit au commandant pour le prier de faire transférer les autres prisonniers, cette fois, dans des voitures fermées, afin de leur éviter tout danger en route, ainsi que cela était arrivé, faute de prendre cette précaution. Je crus devoir leur déclarer aussi que j'avais continué mon service dans le but de leur être de quelque utilité jusqu'à leur transfert ; mais que mon parti était irrévocablement pris de quitter la prison immédiatement après leur départ, ne voulant point servir la Commune.

Le manque de voitures fit remettre le transfert jusqu'au surlendemain.

Pendant que j'étais à la recherche de quelques journaux, Bourgoin revint. Il était rayonnant.

« Allez voir le chef de poste, me dit-il, il a quelque chose à vous remettre. »

Je compris que cela signifiait que j'étais prévenu dans mon plan de retraite par une révocation, dont, toutefois, je m'estimais fort honoré. En effet, arriva au même instant le lieutenant Masson qui me remit un petit bout de papier sur lequel était écrit ce qui suit :

13ᵉ LÉGION.   9ᵉ SECTEUR.

« Le sous-chef J. Rouffiac et le gardien Saint-Denis sont révoqués de leurs fonctions et devront immédiatement quitter la prison.

« Paris, le 21 mars 1871.

« *Le Commandant de Place,*

« *Signé :* CAYOLLE. »

Sceau du Secteur.

J'allai communiquer notre révocation aux détenus et leur dis que je les quittais à regret, avant leur transfert, alors surtout que je les laissais entre les mains de deux hommes qui n'avaient pas mon estime et dont il ne fallait attendre rien de bon. Nous échangeâmes alors quelques cordiales poignées main, puis je les quittai avec la crainte de ne pas les revoir tous ; je me rendis ensuite au bureau pour enlever les objets qui m'appartenaient et je sortis de la prison sans parler à personne, car j'avais remarqué que depuis notre révocation nous n'étions plus en sûreté et que tout le monde paraissait nous être hostile.

Sur la demande de Bourgoin, Masson fut nommé à notre place aussitôt notre départ.

Les détenus regrettèrent bientôt notre éloignement. De même que ces plantes pour la plupart inutiles ou vénéneuses qui ne poussent et ne se reproduisent qu'au sein des décombres et dans des lieux arides, comme si, triste intuition de la nature, ne devant produire que des ravages, elles ne devaient également prendre naissance que là où déjà se sont

amoncelées des ruines, ou bien encore là
où la vie se refuse à paraître ; de même,
il est de ces natures éprises, amoureuses
du mal, qui ne se développent et ne vi-
vent d'une vie complète, physique et
intellectuelle qu'en semant le deuil à
leurs côtés, ne paraissant avoir d'autre
but, dans leur trop longue existence, que
d'assombrir les jours de leurs semblables,
comme si, tout ne concourait pas déjà à
jeter souvent sur eux un long voile de
tristesse ! Et, triste rapprochement, les
circonstances, ce *Deus ex machina* de
l'être humain, les circonstances, dis-je,
veulent que ces individus qui ne montrent d'intelligence que dans la concep-
tion et la perpétration du mal, arrivent
un jour, sinon à commander à leurs semblables, au moins à pouvoir leur faire
supporter le poids de toute leur nature
perverse ! Plus il y a de différence entre

eux et ceux sur lesquels ils ont momenta-
nément quelque autorité, plus ils s'exer-
cent, plus ils s'ingénient à le leur montrer... Faire le mal ne leur suffit pas, il
leur faut le raffinement de voir qu'ils
sont méprisés et haïs comme ils le méri-
tent : atteindre ce but est leur apogée,
comme pour d'autres, semer le bien en
tous lieux est la première et indispensable jouissance !... Mais revenons particulièrement aux mesquines taquineries
et aux sauvageries réfléchies de Masson.

On ne voulut plus les laisser communiquer avec qui que ce fût, et on leur fit
payer d'avance tout ce dont ils eurent
besoin. Leurs nouveaux gardiens leur
reprirent le soir même les matelas que
nous leur avions prêtés et leur refusè-
rent du bois pour le poêle, les obligeant
ainsi par brutalité à coucher sur le bri-
quetage humide, sans une botte de paille

pour se reposer ! La Providence voulut, fort heureusement pour eux, qu'ils fussent transférés le surlendemain, dans des voitures cellulaires, à la prison de la Santé, où ils reçurent de meilleurs traitements sous tous les rapports, et où ils durent rester jusqu'au 24 mai, jour de la reprise du quartier par l'armée régulière.

Ma révocation signifiée, je rentrai donc dans ma famille, afin, non-seulement de n'être point séparé des miens dans un tel moment, mais aussi poussé par l'impérieux besoin d'oublier ce que j'avais vu.

Depuis le jour où avait commencé cette triste époque qu'on appelle la Commune, pour moi la vie véritable s'était enfuie et le cauchemar, un affreux cauchemar s'était emparé de tout mon être. Aussi, avais-je hâte d'aller au sein du foyer domestique, au milieu de ses joies pures, alléger et débarrasser mon esprit des turpitudes qu'il avait si souvent enregistrées, d'aller épancher mon cœur et le faire battre à nouveau, car les actes de sauvagerie dont j'avais été témoin l'avaient pour ainsi dire étreint !...

Heureux ceux qui n'ont point été témoins de ces jours néfastes, car ils n'auront point à retrancher de leur existence ce temps écoulé si lugubrement ! Puissent ceux qui, comme moi, ou plus que moi encore, y ont participé, puissent-ils oublier cette sombre période... Mais pour moi, et je crois qu'il en est ainsi à leur égard, ce sont des vœux superflus !...

Malgré l'éloignement que je manifestais, on me fit cependant demander plusieurs fois au secteur pour donner, disait-on, certains renseignements indispensables. Je me décidai à y aller dans la

matinée, car il valait mieux voir ces
messieurs de bonne heure, ils étaient
toujours plus faciles à approcher. Cayolle
était absent : c'était un simple garde
nommé Turpin, qui le remplaçait ; celui-
là même qui, après s'être emparé de
notre service, m'avait dit en me rendant
les clefs : « Nous voulons vous fusiller
tous cette nuit à la Butte-aux-Cailles. »
Je lui demandai ce que l'on me voulait,
il me dit : « Allez voir le capitaine Mouton, directeur de Mazas ; il est chargé
d'une commission pour vous de la part
du général Duval. »

Me rendre à Mazas sous le régime de
la Commune, pouvait être une grave
imprudence ; ne pas y aller me paraissait
une lâcheté ; aussi me décidai-je néanmoins à me présenter au directeur de
Mazas, que j'avais eu l'occasion de voir
au 101ᵉ bataillon, pendant le siége, et

qui alors ne m'avait pas paru un homme
dangereux.

Le 30 mars, ayant une affaire à traiter
boulevard Mazas, j'en profitai pour m'y
rendre et m'entretenir avec le citoyen
directeur. On me fit tout d'abord traver-
ser plusieurs bureaux et galeries dont les
portes se refermaient sur moi avec une
certaine rapidité; j'arrivai enfin après
quelques minutes au cabinet de M. Mouton. Je frappai légèrement; on m'ouvrit
bientôt et je me trouvai dans une grande
pièce carrée. Devant un grand bureau
était assis un homme de petite taille que
je reconnus, bien qu'il fût entouré de
trois ou quatre personnes qu'il congédia,
du reste, à l'instant même. Il me fit
asseoir à côté de lui en me disant d'un
ton familier que j'aurais dû venir le voir
plus tôt. Puis il ajouta : « Vous avez été
révoqué par le commandant Cayolle, sur

un rapport de Bourgoin, votre chef, mais, toutefois, sans l'ordre du général Duval, qui s'est souvenu de vous au sujet de la discussion que vous aviez eue avec lui à propos des commissaires de police, le 18 mars.

« Comme vous connaissez le service, je suis chargé par Duval de vous offrir un emploi important ; il n'y a pas de directeur à Saint-Lazare ; venez avec moi à la Préfecture, je vais vous présenter au général Duval ; il vous nommera aujourd'hui même. »

J'étais loin de m'attendre à une proposition semblable, je répondis néanmoins sans hésitation au capitaine Mouton que je le remerciais de l'intérêt qu'il me témoignait, mais que je ne pouvais accepter l'offre qu'il me faisait, vu que j'avais repris l'emploi que j'avais été obligé de quitter pendant la guerre. Je ne pouvais sans imprudence, donner le véritable motif de mon refus ; il pouvait y aller de ma liberté, peut-être de mes jours.

« Comment ! me dit le directeur de Mazas, vous refusez la direction de Saint-Lazare ! Six mille francs et le logement ! Vous avez tort... Venez avec moi à la Préfecture, nous verrons Duval ; si vous ne voulez pas aller à Saint-Lazare, eh bien ! je vous ferai nommer ici à ma place, et moi, je prendrai Saint - Lazare... »

Ne pouvant donner d'autres raisons, je m'efforçai d'expliquer au capitaine Mouton que je venais de reprendre un emploi que j'avais depuis neuf ans, emploi auquel j'étais habitué et que je tenais à conserver, bien qu'il me valût moins qu'il ne m'offrait. Je réitérai donc mes remercîments et lui demandai la permission de me retirer.

« Allez, me dit-il, mais rappelez-vous que vous avez tort de ne pas accepter, Duval ne sera pas content de votre refus. »

Quelques jours après, le général Duval fut pris et fusillé au plateau de Châtillon.

Mourir à la fleur de l'âge, après un combat livré sur le sol de la patrie, la poitrine trouée par une balle française; mourir traître, de la mort d'un révolté, quel triste sort, il est vrai; mais, chose plus triste encore, quel sort plus mérité !...

Jusques à quand verrons-nous donc l'ambition au service de théories aussi impossibles que subversives, creuser et remplir des ossuaires périodiques !...

Après la mort de Duval, on ne me proposa plus d'emploi et je pus enfin, non loin il est vrai, de ces scènes sanglantes, écrire encore sous le coup de mon terrible cauchemar, les faits qui n'avaient cependant que trop existé.

La prison du 9e secteur fut toujours gardée par Bourgoin, Masson ayant été obligé de suivre son bataillon aux avant-postes. Après le transfert des commissaires à la prison de la Santé, il ne resta plus que les pauvres réfractaires qui ne voulaient pas servir la Commune. Ces malheureuses victimes ne quittèrent la prison que pour aller sous bonne escorte dans les forts, d'où le plus grand nombre n'est jamais revenu.

Extrait d'un journal du 20 mars 1871.

———

« Dimanche à trois heures du soir, sur un ordre donné par le Comité central de la garde nationale, les généraux Chanzy et de Langourian, accompagnés de deux officiers d'état-major, ont été dirigés, de la prison du 9ᵉ secteur, avenue d'Italie, 38, vers la prison de la Santé.

« A peine sortis de la prison, ils ont eu à subir les insultes de la foule difficilement contenue par un certain nombre de gardes nationaux de la mairie du XIIIᵉ arrondissement. La masse était tellement grande qu'il fut impossible d'avancer; les menaces de mort prenaient le caractère le plus sinistre.

« Dans la foule, se trouvait un grand

nombre de gardes ivres; ceux-là n'étaient
pas les moins dangereux.

« Un certain nombre de ces forcenés
se sont jetés sur les deux généraux qui
allaient périr victimes de cette fureur,
sans le courage héroïque du capitaine
André, 7e compagnie du 176e bataillon,
puissamment aidé du sergent-major
Amat, de la 8e compagnie du même bataillon, auxquels se sont joints MM. Combes et Léo Meilliet, adjoints au maire du
XIIIe arrondissement; leur conduite a été
au-dessus de tout éloge; les courageux
citoyens auxquels se sont joints quelques
gardes nationaux, ont pu protéger les
officiers jusqu'à la prison de la Santé. »

Une fois rendus à la prison, les généraux furent assez bien traités, bien que
seuls dans leurs cellules. Ils avaient du
moins un petit lit pour se reposer et ils
étaient à l'abri d'un coup de main. Après

plusieurs démarches de la pari de leurs amis auprès des membres du Comité central, ils furent conduits le 28 mars vers deux heures du matin audit Comité, séant à l'Hôtel-de-Ville, qui, après délibération, les fit mettre immédiatement en liberté et alors ils purent se rendre à Versailles sans autres incidents.

Ainsi que je l'ai dit au lecteur, je n'ai pas la prétention d'écrire l'histoire de la Commune, et je termine cette petite brochure par un court récit à peu près historique sur l'arrestation, la détention et le massacre des pères Dominicains.

Arrestation des pères Dominicains

Le collége Albert-le-Grand tenu par les pères Dominicains, est situé à Arcueil, environ trois kilomètres au sud de Paris.

Le vendredi 19 mai 1871, entre quatre et cinq heures du soir, l'école d'Arcueil renfermant plusieurs blessés fédérés, reçut la visite des citoyens Léo Meilliet et Lucipia, membres du Comité central de la Commune, revêtus de leur écharpe rouge et accompagnés du Prussien Thaler, sous-gouverneur du fort de Bicêtre ; du colonel Cerizier ; du commandant Gebel et du capitaine Quesnot ; suivis en outre des 101e et 120e bataillons.

Ils pénétrèrent dans l'intérieur de l'établissement, mirent tout le personnel en état d'arrestation et la maison au pillage.

Sur l'ordre de Léo Meilliet, le père Captier, fondateur et prieur de l'école dut comparaître : on lui présenta alors un mandat de la Commune qui signifiait à tous les membres de la Communauté, depuis le prieur jusqu'au dernier des domestiques, d'avoir à se mettre à la disposition des délégués. On les dirigea ensuite sur le fort de Bicêtre, où ils furent entassés dans une étroite casemate portant le n° 10, après avoir été préalablement dépouillés de tout ce qu'ils possédaient.

Les voitures de l'école furent réquisitionnées ; on y entassa d'abord les religieuses ainsi que les femmes des employés de la maison, qui furent conduites à la Conciergerie et de là à la prison de Saint-Lazare. L'arrivée des troupes de

Versailles leur rendit la liberté avant que les bandits qui les gardaient au nom de la Commune, eussent eu le temps de mettre à exécution les menaces dont elles avaient été l'objet.

Pendant que les malheureux prisonniers étaient privés de tout au fort de Bicêtre, les fédérés pillaient leur maison et faisaient charger sur des voitures les objets de valeur pour les conduire dans le même fort. Les objets emportés ou disparus furent évalués à une centaine de mille francs.

Toutes les cellules furent dévalisées, même celles des domestiques, où étaient renfermées leurs petites économies montant à une vingtaine de mille francs environ. Cette somme tomba entre les mains des femmes de certains fédérés qui s'en faisaient suivre dans cette intention.

Le pillage accompli, le feu devait être mis au couvent ; mais la rapidité avec laquelle les troupes de Versailles avancèrent, les força de prendre la fuite avant d'avoir exécuté leur infâme projet.

Le 25 mai dans la matinée, le fort de Bicêtre fut évacué par les fédérés qui, ne disposant que d'un nombre insuffisant de voitures, n'emportèrent qu'une partie du butin, dont ils brûlèrent l'excédant dans le fort même.

Les malheureux prisonniers suivaient tous ces mouvements de leurs cellules et crurent un instant qu'on allait les oublier ; mais hélas ! leur espoir ne fut pas de longue durée. Quelques fédérés du 185e bataillon accoururent à la hâte, et comme ils n'avaient pas les clefs, ils enfoncèrent les portes à coups de crosse de fusil, firent sortir les prisonniers et les emmenèrent avec eux. Ils leur firent faire plusieurs détours dans les plaines de Bicêtre et d'Ivry, entrèrent tous dans Paris par la porte de Choisy et se dirigèrent vers la mairie du XIIIe arrondissement.

Au moment où ils arrivaient, on y apportait le cadavre d'un inconnu qui venait d'être fusillé aux Gobelins pour une simple menace qu'il avait faite au colonel Cerizier.

A peine s'étaient-ils reposés un instant à la mairie, que les officiers fédérés remarquèrent que les troupes régulières avançaient rapidement du côté de la Glacière et du Panthéon. Ils se replièrent alors sur la prison de l'avenue d'Italie où les Dominicains furent conduits.

Le chef de la prison venait d'être révoqué de ses fonctions par le colonel Cerizier et remplacé par Boin, son ami intime.

En entrant dans la prison, le nom des Dominicains fut inscrit sur le livre d'écrou, ainsi que celui de l'abbé Lesmayoux, vicaire de Notre-Dame-de-la-Gare, lequel venait d'être mis en état d'arrestation sous l'imputation d'avoir tiré sur les troupes de la Commune.

Vers une heure de l'après-midi, la place d'Italie fut attaquée vigoureusement par l'armée régulière. Les fédérés, en nombre insuffisant pour défendre la barricade, décidèrent qu'on y enverrait les prisonniers. Loin se rendit dans les cellules et s'adressa aux Dominicains en ces termes : « Allons, soutanes, on va vous donner des armes ; et, à la barricade ! »

A ces paroles les Dominicains répondirent : « Nous voulons bien aller aux barricades pour soigner les blessés, mais non pour nous battre contre nos frères » ; et ils se mirent de suite en route. Mais, à la barricade la position n'était pas tenable : le 113ᵉ de ligne n'était plus qu'à une faible distance et se disposait à donner l'assaut.

Dans la crainte d'une surprise, les prisonniers furent reconduits à la prison; ils comprirent alors que leur mort était décidée. Ils se confessèrent les uns aux autres et attendirent avec résignation leur dernier moment.

Le massacre.

Vers les quatre heures, Boin se présenta de nouveau devant les prisonniers par ordre du colonel Cerizier, et, s'adressant encore aux Dominicains, il leur dit : « Mettez-vous sur deux rangs et sortez, j'ai ordre de vous mettre en liberté. »

Sur le point de quitter la prison, les Dominicains dirent adieu à leurs compagnons d'infortune et les engagèrent à prier pour eux ! Cela fait, ils exécutèrent l'ordre qui venait de leur être donné.

Mais à l'extrémité du couloir de la prison, ils se trouvèrent en présence d'une double haie de fédérés qui les attendaient. Sur un signe de leurs chefs, les armes furent chargés devant eux, et une

voix partant de l'extérieur, ordonna de les faire sortir un à un.

À peine le premier Dominicain eut-il franchi la porte de la prison, qu'il tomba frappé de plusieurs balles ; le deuxième eut le même sort ; de tous côtés on tirait sur eux, et, en un clin d'œil, douze cadavres rougirent la terre de leur sang.

Chassés de toutes parts comme des bêtes fauves, les autres victimes étaient parvenues à s'échapper en fuyant dans diverses directions. Deux d'entre eux avaient reculé et étaient parvenus à pouvoir se cacher dans les caves de la prison. Deux autres arrivèrent à travers la fusillade jusqu'au passage Toussaint-Ferrand et se réfugièrent dans la maison portant le n° 4 ; mais le propriétaire leur refusa l'hospitalité craignant de se compromettre. En présence de ce refus les deux malheureux fugitifs sortirent de

cette maison par une porte donnant sur
une cour, et, après avoir escaladé un
mur d'environ deux mètres de hauteur,
ils tombèrent dans une fabrique de pote-
rie appartenant au sieur Monéuse, avenue de Choisy, 145, où ils restèrent cachés jusqu'au lendemain matin.

Debout pendant vingt heures entre
un mur et une pile de briques, ce ne fut
qu'avec beaucoup de peine qu'on parvint
à les décider à quitter leur retraite, tellement ils craignaient d'être poursuivis
par leurs terribles assassins de la veille.

Un jeune homme, nommé Petit, s'était
caché dans le même passage, au n° 5 ;
mais il fut découvert, et deux fédérés
sommèrent la propriétaire de le leur livrer, l'assurant que si elle refusait ils
mettraient le feu à la maison.

Devant ces menaces, le sieur Petit
sortit de la maison et suivit les fédérés

afin d'éviter de plus grands malheurs ;
le lendemain son cadavre fut retrouvé
derrière une barricade.

Un voisin de la prison où le crime fut
commis nous a raconté avoir vu un Dominicain blessé qui soulevant la tête pour
demander du secours, mis en joue par un
fédéré, qu'un officier prit le fusil de ce
misérable et voulut l'achever lui-même !
En quelques instants le malheureux
blessé fut criblé de balles par tous ces
forcenés qui s'acharnaient sur son cadavre.

Ce terrible massacre accompli, les assassins n'étaient pas encore satisfaits !
Ils savaient qu'il y avait encore des victimes à la prison ; ils y retournèrent au
plus vite et firent l'appel des prisonniers.

Le premier appelé fut M. l'abbé Lesmayoux, qui certainement aurait eu le
même sort que les Dominicains, sans

l'intervention d'un capitaine, nommé Desfossés, qui le prit sous sa protection, et le conduisit lui-même dans une ambulance où il fut mis en sûreté jusqu'à l'arrivée des troupes.

Le 25 mai, à cinq heures et demie, après une lutte acharnée qui dura six heures, la place et l'avenue d'Italie furent enlevées d'assaut par le 113e de ligne.

Il n'était que temps, car depuis plusieurs jours nous étions tous cachés dans les caves : les hommes pour ne pas prendre part à une lutte fratricide, les femmes et les enfants pour se protéger contre les obus qui ne cessaient de pleuvoir de tous côtés.

La délivrance.

Lorsque les cris de : « vive la ligne ! » se firent entendre, toutes les portes s'ouvrirent et chacun sortit de sa cachette.

Alors un triste spectacle s'offrit à notre vue : çà et là se montraient les traces de la lutte ; des arbres brisés par les projectiles ; des maisons trouées par les obus ; des hommes morts. Nous devînmes tous mornes et silencieux à la vue de tant de de ruines !

Chose à remarquer, tous ceux qui avaient succombé étaient de simples gardes, les officiers avaient tous disparu à l'approche du danger !

O peuple qui, à chaque révolution, follement enthousiasmé pour des théories

le plus souvent impossibles, vole aux
barricades et tombe en files épaisses sous
des balles fratricides, quand donc ces-
seras-tu de répandre si généreusement
le plus pur de ton sang pour d'indignes
fétiches qui n'abusent de ta crédulité
que pour servir leur ambition ?... Ce n'est
point dans la rue que doivent dorénavant
se livrer tes batailles ; que l'ère de bar-
barie soit à jamais fermée, sois le premier à en donner l'exemple ; et, exerce-
toi en silence pour des luttes sinon plus
calmes, du moins plus dignes : pour les
luttes du scrutin. Agrandis ton esprit
et fortifie ton cœur, non point dans ces
réunions où l'on spécule sur tes passions
si faciles à exciter, mais au sein de ces
vastes monuments, temples de la sagesse
suprême, au sein des bibliothèques !

Étudier est si consolant, si beau et si
noble ! L'étude, n'est-ce pas la lettre de

naturalisation pour mériter de porter le nom d'homme, et, sans elle, en quoi consiste donc le titre pompeux de roi de la création ?...

L'étude est aussi bien un cordial pour le cœur qu'un aliment pour l'esprit ; c'est un puits insondable où ils ne cessent de puiser, l'un, des sentiments nobles et généreux, l'autre, la manière de les exprimer. Étudier, c'est donc vivre de la vie du cœur et de la vie de l'esprit ; à la vie intellectuelle quelle autre pourrait-on opposer ? Cours donc, ô peuple, au sein des bibliothèques ! En puisant à ces fontaines aussi fécondes qu'enchanteresses, tu te sentiras revivifié ; ton esprit et ton cœur enrichis des trésors éternels de l'intelligence humaine cesseront d'envier les trésors éphémères de la Fortune ! Sachant distinguer entre la richesse matérielle et la richesse intellec-

tuelle ; tu mépriseras celle-là pour ne
rechercher que celle-ci ; et alors, au lieu
d'envoyer les plus sains et les plus généreux de tes enfants expier sur un sol
lointain des égarements pour la plupart
inconscients, tu auras à cœur de faire
d'eux les apôtres infatigables de la civi-
lisation ; tu les enverras montrer par
l'exemple l'influence d'une instruction
profonde et d'une saine philosophie, et
ainsi, tu arriveras à fonder à jamais, ce
qui, depuis de si longues années, te demande tant de sang pour une durée
éphémère !...

Aussitôt que la circulation fut rétablie,
nous nous dirigeâmes vers la prison ; là,
un plus navrant spectacle nous attendait : une douzaine de cadavres gisaient
à quelques mètres les uns des autres, à
moitié dépouillés de leurs vêtements :

c'étaient les malheureux Dominicains.

De toutes les croisées on voyait tomber dans les rues des uniformes, et, de toutes les portes les femmes et les enfants sortaient des armes et des munitions. En quelques minutes l'avenue d'Italie fut transformée en un grand dépôt d'armes, de munitions et d'uniformes.

Le 113e de ligne y campa. De grands feux furent allumés pour préparer leur nourriture, et le quartier, privé de son éclairage habituel, ressemblait à un vaste champ de bataille.

La nuit fut assez calme, chacun put enfin prendre un peu de repos, malgré le bruit du canon qui grondait toujours du côté de la place de la Bastille et du faubourg Saint-Antoine.

Le 26, je fus appelé à reprendre mon service à la prison, comme chef, Bourgoin ayant été arrêté pour avoir servi la

Commune. Tout y était en désordre :
le matériel avait disparu et les livres
avaient été déchirés ; dans tous les coins
on en trouvait des lambeaux. Je les
ramassai de mon mieux, et, après un
moment de patience, je parvins à réunir
les ordres d'écrou du 19 au 25 mai dans
lesquels se trouvaient les noms des Dominicains et de cent vingt-et-un réfractaires qui avaient été envoyés au fort de
Bicêtre ou de Montrouge, pour avoir
refusé de servir la Commune, où une
grande partie de ces malheureux avaient
été fusillés.

je m'empressai de faire transmettre
ces précieux documents à M. le général
Bonnetou, commandant la section de la
Maison-Blanche, et le 31 mai on put lire
dans *le Moniteur universel* :

« Au 9ᵉ Secteur.

« L'écrou de la prison du 9ᵉ secteur

à la porte de laquelle cet odieux crime s'est commis le 25 mai, à quatre heures et demie du soir, présentait à cette date les noms ci-après,

« SAVOIR :

T. R. P. CAPTIER, François-Eugene, né à Tarare (Rhône), fondateur et prieur de l'école Albert-le-Grand, 41 ans.

R. P. BOURARD, Louis-Ferdinand, né à Paris, aumônier de l'école, 53 ans.

DELHORME, Eugène, né à Lyon (Rhône), régent des études, 39 ans.

COTRAULT, Joseph, né à Saint-Amand (Cher), procureur de l'école, 30 ans.

R. F. CHATAGNERET, Gabriel, né à Firming (Loire), professeur de l'école, 28 ans.

MM. GAUQUELIN, Louis, né à Cherbourg (Manche), officier marinier, marié à Marie PAQUIER, sous-économe, 31 ans.

VOLAND, François, né à Orgelet (Doubs), célibataire, maître auxiliaire, 40 ans.

GROS, Aimé, né à la Côte-Saint-André (Isère), célibataire, serviteur de l'école, 35 ans.

MARCE, Antoine, né à Amblaise (Drôme), marié à Angélique CHANARD, serviteur, 40 ans.

CATHALA, Théodore, né à Rouvenac (Aude), marié à Marguerite LUGAT, tailleur, 40 ans.

DINTROZ, François, né dans le Jura, célibataire, serviteur de l'école, 40 ans.

CHEMINAL, Joseph, né à Ville-en-Sala (Haute-Savoie), célibataire, 50 ans.

PETIT, Germain, né à Saint-Vincent (Isère), commis d'économat, 21 ans.

GRANCOLAS, Joseph, prêtre, professeur à l'école, 44 ans.

BÉRILLOT, Jean-Baptiste, né à Saulles (Haute-Marne), célibataire, professeur, 28 ans.

BROUHO, Simon, né à Cornot (Haute-Saône), célibataire, serviteur, 30 ans.

GAUVAIN, Édouard, né à Barneville (Manche), célibataire, employé à l'économat, 52 ans.

BERTRAND, Édouard, né à Ramerupt (Aube), célibataire, sous-censeur, 49 ans.

DUCHÉ, Antoine, né à Riom (Cantal), marié, serviteur de l'école, 31 ans.

« Sur ces dix-neuf malheureux, les treize premiers avaient été massacrés en sortant de la prison ; leurs corps furent trouvés sur l'avenue d'Italie et transportés à Arcueil où ils reposent.

« Le chef de la prison, présent au moment du crime, est le nommé Bourgoin, Henri. Le poste était gardé par une compagnie du 102e bataillon et enfin les auteurs du forfait sont des gardes du 101e bataillon.

« La prison du 9e secteur est aujourd'hui de nouveau confiée à la garde du sous-chef Jean Rouffiac qui, dans ce même lieu, il y a deux mois, avait courageusement protégé le général Chanzy contre la fureur de forcenés semblables aux assassins des Dominicains ; il a repris les fonctions dont il s'était démis pour ne pas servir la Commune. »

Condamnation des assassins des Dominicains, par le 6e Conseil de guerre, séant à Versailles.

Audience du 16 février 1872.

1° CERIZIER, Marie-Jean-Baptiste, corroyeur ;
2° BOIN, Louis-Isidore, corroyeur ;
3° LUCIPIA, Louis-Adrien, étudiant ;
4° PASCAL, sous-lieutenant au 177e bataillon ;
5° BOUDAILLE, Charles-Henri.

Tous les cinq à la peine de mort.

Dont une commutation de peine au profit de Lucipia.

1° QUESNOT, capitaine, ouvrier mécanicien ;
2° GIRONCE, Jacques, dessinateur ;
3° GRAPIN, Nicolas, cordonnier ;
4° ROUILLAC, ancien mobile.

A la déportation dans une enceinte fortifiée.

1° Annat, Émile-Antoine, commis ;
2° Busquant, Amédée-François ;
3° Buffo, tailleur de pierre.
A la déportation simple.

EXTRAIT de la Petite Presse *du 7 janvier* 1873 :

« Gebel ex-commandant du 101° bataillon fédéré, qui avait arrêté les Dominicains d'Arcueil a été condamné à mort. »

ATTESTATIONS adressées à M. le colonel de Mortemart, sous-chef d'état-major, chargé de la liquidation de la garde nationale.

« Mon coonel,

« Je recommande à toute votre bienveillance M. Rouffiac, qui a, par son sang-froid et son énergie, sauvé la vie des généraux Chanzy et de Langourian, et des autres prisonniers de la Commune, détenus à la prison du 9ᵉ secteur. Ce brave homme me paraît digne d'une haute récompense, car au milieu des défaillances générales, il a su faire son devoir au péril de sa vie.

« *Signé :* EDMOND TURQUET,

« *Député de l'Aisne, conseiller général.* »

« Je me joins à mon collègue, M. Turquet, pour recommander d'une façon
toute spéciale au bienveillant intérêts de
M. le colonel de Mortemart, le sieur
Rouffiac, dont je puis attester le dévouement, la vigueur et le patriotisme pendant les événements qu'il raconte dans
ce mémoire.

« *Signé :* Le Général CHANZY,

« *Député des Ardennes.* »

« Le 18 mars 1871, M. Rouffiac, sur mon conseil, a conservé son poste à la prison du 9e secteur. C'est dans l'exercice de ses fonctions qu'il a pu nous rendre de grands services. Il nous a fait parvenir plusieurs dépêches très-importantes à l'État-Major (place Vendôme). C'est certainement à son courage et à son énergie que les généraux Chanzy et de Langourian et les autres prisonniers de la Commune doivent d'avoir été sauvés.

« *Signé* : COMBES,

« *Ancien adjoint du XIIIe arrondissement, conseiller municipal de Paris.* »

« Le commissaire de police soussigné, certifie qu'il n'a eu qu'à se louer des bons procédés du sieur Rouffiac, pendant sa détention dans la prison du 9e secteur, du 18 au 23 mars 1871, et qu'il est à sa connaissance que ledit Rouffiac a fait tous ses efforts pour conserver son poste, qu'il eût été dangereux pour nous de voir occupé par tout autre.

« *Le Commissaire de police du quartier Vivienne, chevalier de la Légion-d'Honneur,*

« *Signé :* ANDRÉ. »

« Le commissaire de police soussigné, certifie qu'il n'a eu qu'à se louer sous tous les rapports de M. Rouffiac, sous-chef gardien de la prison disciplinaire du XIIIᵉ arrondissement, où les insurgés l'avaient enfermé dès le 18 mars ; qu'il a eu connaissance par M. Rouffiac de la démarche par lui faite à l'état-major de la garde nationale dans le but de le faire délivrer ainsi que ses codétenus, et que ledit Rouffiac n'a pas craint de compromettre sa liberté pour être agréable aux détenus.

« Paris, le 11 décembre 1872.

« *Le Commissaire de police du quartier de la Maison-Blanche,*

« *Signé :* DODIEAU. »

« L'ancien commissaire de police du quartier de la Salpétrière, s'empresse de donner son adhésion aux bons sentiments exprimés sur le compte de M. Rouffiac qu'il a vu, dans les moments les plus difficiles, montrer une grande énergie et un sang-froid admirables.

«Pari s, le 11 décembre 1872. »

« *Signé* : DAVID BOUDIN. »

Mon Colonel

Je recommande à toute votre bienveillan Mr. Rouffiac qui a, par son sangfroid et son énergie, sauvé la vie , généraux Changy et de Langouriant et des autres prisonniers de la Commune, détenus à la prison du 9e Secteur. — Ce brave homme me parait que d'une haute récompense car au milieu des défaillances générales, i a su faire son devoir au péril de sa vie

Edmond Turquet

Député de l'isne, Conseiller général

Je me joins à Mme [...] ce Mr
Turquet pour remerciement d'une [...]
toute spéciale au bienveillant intérêt
de [...] le colonel de [...]
le S. Bousquien [...] puis [...]
la [...] la [...] et la
[...] pendant les événements
[...] racouté d'une [...].

Le général
[...]

Le 18 mars 1871. Monsieur Rouffiac a, mon conseil a conservé son poste à la prison du 9ᵉ ... C'est dans l'exercice de ses fonctions qu'il a ... rendre de grands services. (Il nous a fait parvenir plusieurs dépêches très importantes à l'État Major (Place Vendôme).)

C'est certainement à son courage et à son mérite que les généraux Chanzy et ... et les autres ... de la Commune ... d'avoir été sauvés.

... adjoint du 18ᵉ arᵗ.
Conseiller Municipal ...

Le Commissaire de Police soussigné certifie qu'il n'a eu qu'à se louer dans tous les rapports de M. Rouffiac, gardien de la prison disciplinaire du 18e arrond.t, où les insurgés l'avait enfermé dès le 18 mars, qu'il a eu connaissance par M. Rouffiac de la démarche par lui faite à l'État major de la G.de N.ale dans le but de les faire délivrer ainsi que ses co-détenus, et que le dit Rouffiac n'a pas craint de compromettre sa liberté pour être agréable aux détenus. —————— Paris le 11 Xbre 1872

Le Commissaire de Police
du qu.r Maison Blanche

Le Commissaire De police soussigné certifie qu'il n'a eu qu'à se louer des bons procédés du Sr Rouffiac, pendant sa détention dans la prison du 9e Secteur, du 18 au 23 Mars 1871, et qu'il est à sa connaissance que le dit Sr Rouffiac a fait tous ses efforts pour conserver son poste, qu'il eut été dangereux pour nous de voir occupé par tout autre

Le Comm[re] De police,

André

L'ami commissaire de Police, au quartier
de la Salpêtrière, s'empresse de donner son
adhésion aux bons sentiments exprimés sur le compte
de Mr. Roussiac qu'il a vu, dans les moments
les plus difficiles, montrer une grande énergie à ...
... frères admirable :

Paris le 11 Xbre 72

[signature]

TABLE DES MATIÈRES

FIN DE LA TABLE.

Se trouve :

Chez les principaux libraires ;

Chez l'auteur, 3, boulevard Beaumarchais ;

Chez l'imprimeur, 52, rue d'Aboukir.